DESCRIPTION
D'UN
MONUMENT RELIGIEUX,

Érigé Commune d'Antony, Département de la Seine, sur la grande route d'Orléans, par les soins de P. C. PAULET;

Suivie d'un Recueil de Maximes et Pensées chrétiennes, extraites la plupart des meilleurs ouvrages en ce genre, et notamment du Poëme de la Religion du Génie du Christianisme ; et d'une petite Description de Naples.

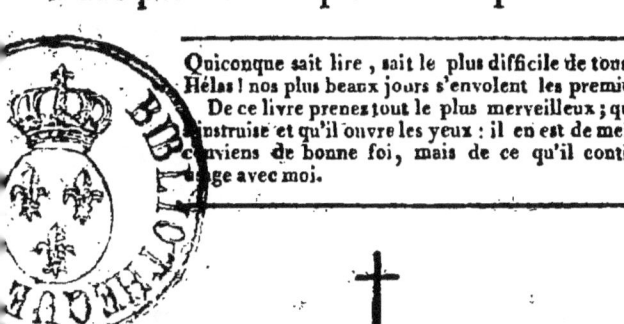

Quiconque sait lire, sait le plus difficile de tous les arts.
Hélas ! nos plus beaux jours s'envolent les premiers.
De ce livre prenez tout le plus merveilleux ; que le lecteur
s'instruise et qu'il ouvre les yeux : il en est de meilleurs, j'en
conviens de bonne foi, mais de ce qu'il contient, faites
usage avec moi.

†

DISTRIBUÉ GRATIS PAR M. LE CURÉ D'ANTONY.

PARIS,
DELAGUETTE, IMPRIMEUR, RUE SAINT-MERRY, N°. 22.

1819.

O Croix sainte ! ma chère amie,
En toi seule je me confie :
Donne aux pécheurs rémission,
En mémoire de la Passion
De mon Sauveur Jésus-Christ,
Qui inspire mon esprit :
Peuples dévotieux, * Au nom du Roi des cieux.
Disposez vos oreilles pour entendre réciter
De ces merveilles, la grande vérité.

N'en doutons point, ce culte de la croix, dont une superbe sagesse nous annonçait la chute prochaine, va renaître avec une nouvelle force ; la palme de la Religion croît toujours à l'égal des pleurs que répandent les chrétiens, comme l'herbe des champs reverdit dans une terre nouvellement arrosée. C'était une insigne erreur de croire que l'évangile était détruit, parce qu'il n'était plus défendu par les heureux du monde. La puissance du Christianisme est dans la cabane du pauvre, et sa base est aussi durable que la misère de l'homme, sur laquelle elle est appuyée. « L'Eglise, dit Bossuet (dans un passage qu'on croirait échappé à la tendresse de Fénélon, s'il n'avait un tour plus original et plus élevé), l'Eglise est fille du Tout-Puissant : mais son père, qui la soutient au-dedans, l'abandonne souvent aux persécuteurs ; et à l'exemple de Jésus-Christ, elle est obligée de crier dans son agonie : *Mon Dieu ! mon Dieu ! pourquoi m'avez-vous délaissée ?*

Semblable à une Epouse désolée, l'Eglise ne fait que gémir ; et le chant de la tourterelle délaissée est dans sa bouche. Enfin elle est étrangère et comme errante sur la terre, où elle vient recueillir les enfans de Dieu sous ses ailes ; et le monde, qui s'efforce de les lui ravir, ne cesse de traverser son pélerinage. »

Il peut le traverser ce pélerinage, mais non pas l'empêcher de s'accomplir. Si l'auteur de cet ouvrage n'en eût pas été persuadé d'avance, il n'aurait pas dit :

Mon cœur à la Croix, la Croix dans mon cœur ;
Qui combattra sera couronné,
Qui persévérera sera sauvé ;
Ma paix en Dieu est un festin continuel.

*Ha! que ton Cœur est Insensible,
si tu me vois Souffrir sans m'aimer.*

L'AMOUR DE DIEU EST GÉNÉREUX, IL POUSSE LES AMES A DE GRANDES ACTIONS, ET LES EXCITE A DESIRER CE QU'IL Y A DE PLUS PARFAIT.

DESCRIPTION
D'UN MONUMENT
RELIGIEUX,

Réédifié sur la place du pont de la Commune d'Antony, département de la Seine, dans le cours de la bienheureuse année 1818, appelée l'année du Bon HENRI.

Vel copiis externis exeuntibus, regno liberato.

GLOIRE A LA CROIX, PAULET, CE 1818,

A DIEU, A MARIE, AU ROI.

Marie a été conçue sans péché.

Sainte Marie, mère de Dieu, priez pour nous.
Jésus ayez pitié de nous.
Un seul dieu tu adoreras,
Ton créateur tu recevras.

PREMIÈRE FAÇADE.

A la plus grande gloire de Dieu tout-puissant.
Au règne du Roi Très-Chrétien Louis XVIII,
Sous la mairie de M. *Trudon*,
Cette Croix a été bénie, le 28 Juin 1818,
Par M. *Sauvage*, Curé d'Antony.

Gloria in excelsis Deo, etc. etc.

DEUXIÈME FAÇADE.

Vous vaincrez par ce signe. †
Dieu et le Roi.
Seigneur, protégez la France.

Fiat voluntas tua, etc. etc.

Aux petits des oiseaux il donne la pâture,
Et sa bonté s'étend sur toute la nature.

Gloire au Père, au Fils, au Saint-Esprit.

TROISIÈME FAÇADE.

La puissance de Dieu est grande,
Sa gloire est universelle.
Ce Monument a été réédifié par la piété de
P^{re}.-C^{es}. PAULET, en action de grâce de son
voyage à Rome et Lorette, en 1817.
Grâces vous soient rendues, ô mon Dieu.

Rex verò lætabitur in Deo, etc.

QUATRIÈME FAÇADE.

La piété est à la vertu,
Ce que le soleil est à la fleur.
Vous tous, qui vivez par Dieu,
Venez, adorez-le.

Adoremus in æternum, etc. etc.

L'Eternel est son nom,
Le monde est son ouvrage.
Mon Dieu, tournez vos regards vers nous,
Et votre peuple se réjouira en vous.

INSCRIPTION.

Amour a dieu,
Soumission aux lois,
Fidélité au roi.

Hosanna in excelsis Deo, etc.

O divine Croix !
Nous vous adorons, Dieu tout-puissant ;
Nous vous reconnaissons pour le Seigneur de l'univers ;
Toute la terre vous révère comme le père
Et la source éternelle de tout être.
Les Anges, et toutes les puissances célestes ;
Les Chérubins, et les Séraphins,
Chantent, sans cesse, pour vous rendre hommage :
Saint, Saint, Saint
Est le Seigneur, le Dieu des armées.
Les cieux et la terre sont remplis
De la grandeur et de l'éclat de votre gloire.
L'illustre chœur des Apôtres,
La respectable multitude des Prophètes,
La brillante armée des Martyrs,
Célèbrent vos louanges.
L'Eglise Sainte, répandue par tout l'univers,
Confesse et public votre nom.
O Dieu, dont la majesté est infinie,
Elle adore votre Fils unique et véritable,
Et le Saint-Esprit consolateur.
Vous êtes le roi de gloire, ô Jésus !
Vous êtes le Fils éternel du Père,

Vous n'avez point dédaigné
De vous revêtir de la nature humaine
Dans le sein d'une vierge,
Pour sauver les hommes.
Vous avez brisé l'aiguillon de la mort,
Vous avez ouvert aux Fidèles le royaume des cieux,
Vous êtes assis à la droite de Dieu,
Dans la gloire de votre père.
Nous croyons que vous viendrez
Un jour juger l'univers.
Nous vous supplions donc
De secourir vos serviteurs,
Que vous avez rachetés de votre sang précieux ;
Mettez-nous au nombre de vos Saints,
Pour jouir avec eux de la gloire éternelle.
Seigneur, sauvez votre peuple,
Et bénissez votre héritage ;
Conduisez-les, et élevez-les
Jusques dans l'éternité bienheureuse.
Amen.

Domine conserva nos in pace.

Aix-la-Chapelle, Septembre 1818.

Pre. Ces. PAULET.

Anno Domini, anno Henrici IV.

Venez, accourez tous auprès de Marie.

Regina Angelorum.

Seigneur, mon Dieu, faites, s'il vous plait,
que ce monument soit comme un soleil bienfaisant :
qu'il éclaire tout ce qui l'environne.
C'est ce que je souhaite de tout mon cœur.

Ainsi soit-il.

O Seigneur tout-puissant, quelle reconnaissance ne vous dois-je pas, pour les grâces infinies, et les précieuses faveurs que vous m'avez accordées.

1°. En me faisant terminer heureusement un voyage, consacré à la visite de tant de lieux célèbres par les nombreux monumens de la foi qu'ils renferment, et dans le cours duquel j'ai vu tant de choses merveilleuses et touchantes, qui seront toujours présentes à ma pensée. (*)

2°. En m'inspirant le vœu, que je fis intérieurement dans la Métropole de la chrétienté, où tant de saints Personnages ont reçu la palme du Martyre, d'élever un monument, destiné à la consécration des souvenirs de mon voyage.

3°. Enfin, en me donnant les moyens de remplir ce vœu, dont l'accomplissement me semblait être au-dessus de mes forces, moi qui suis d'un si faible mérite, et dans une classe si obscure. Vos bienfaits, ô mon Dieu, feront la consolation et la joie de ma vie, ils seront les objets de mes éternelles actions de grâce.

On aura beau bâtir des monumens et des temples élégans, bien éclairés, pour rassembler le bon peuple de Saint Louis et de la Reine Blanche, on regrettera toujours la tombe de quelques Messieurs de Montmorency, sur laquelle ils souloient de se mettre à genoux durant la Messe.

Extrait du Génie du Christianisme.

(*) Sainte Maison de Lorette, Saint-Jean-de-Latran, où l'on voit l'Escalier Saint, que Notre Seigneur a monté pour aller chez Pilâte, et la colonne où il fut attaché.

RELATION

Des Cérémonies qui ont eu lieu lors de la Bénédiction de ce Monument, renversé par les orages de la révolution, et relevé avec la permission de MM. les Vicaires-Généraux.

La première pierre, provenant des décombres de l'ancien monument, la seule qui en restât, fut posée le jour de Saint Médard, par Mesdames Surivet et Richard, dont la demeure en est la plus voisine, et dont les vertus leur donnaient un double droit à cette distinction.

La Bénédiction en fut faite, le dimanche 28 juin, à l'issue de la grand'Messe. La procession était composée de la bannière de Saint Saturnin, Patron de la Paroisse, de celle du très-Saint-Sacrement, que les garçons suivaient, et des jeunes filles de la confrérie de la Vierge, toutes vêtues en blanc, marchant à la suite de leur bannière, et portant leur souche; enfin, du clergé précédant M. le Curé; M. le Maire d'Antony s'était fait un devoir d'y assister, ainsi que M. Beauvais, son Adjoint. MM. Perpereau, Cazin et Rioux, Marguilliers, faisaient aussi partie du cortége, dont l'éclat était rehaussé par les gardes nationaux sous les armes, commandés spécialement à cet effet par M. le Maire, la plupart en uniforme et dans une belle tenue.

Cette Cérémonie, imposante par son objet, touchante par le recueillement et l'air de satisfaction qui se peignaient sur tous les visages, eut lieu en présence de tous les habitans de la commune, et d'un grand nombre de ceux des communes environnantes.

S. A. S. Madame la Duchesse d'Orléans, Douairière, qui se rendait à sa terre d'Amboise, fut témoin de ce spectacle religieux. Cette auguste Princesse, dont la gloire de la religion est le but de toutes ses actions, manifesta son approbation et son contentement, dans les termes les plus flatteurs ; mais elle ne voulut point s'arrêter, dans la crainte, sans doute, de troubler, par son aspect inattendu, la Cérémonie qui était commencée au moment de son passage.

Après la Bénédiction, M. le Curé prononça un sermon analogue à la circonstance, ensuite de quoi, tous les assistans ayant adoré la croix, M. Paulet implora, à haute voix, les graces de la miséricorde divine.

On a chanté le *Domine salvum*; la procession est rentrée en chantant les litanies de la sainte Vierge, et après, on a entonné le *Te Deum*. Presque toutes les dames, les demoiselles et les jeunes garçons, qui assistaient à la solemnité, avaient à leur col des chapelets. Celui dont le sieur Paulet était orné, est très-beau (*) ; il se termine par une médaille d'argent, portant cette inscription : *Ces Chapelets ont été apportés de Rome, par P^{re}. C^{es}. Paulet, et bénis par notre Saint Père le Pape Pie VII, le 8 mai* (**) 1817. Le revers représente un Christ et la Vierge, avec cette inscription : *Gloire à Dieu et à Marie*. La légende est ainsi conçue : *Mon Dieu protégez mes parens, mes amis et mes ennemis.*

_____
(*) On sait que le vieux Connétable de Montmorency disait son chapelet au milieu des camps.

(**) Jour de St. Désiré.

Le temps le plus serein, un ciel pur, semblaient favoriser l'empressement des Fidèles à cette Cérémonie. Le monument était décoré de fleurs, ainsi que le portail de l'église. M. Paulet, dans ce jour, l'un des plus beaux de sa vie, la veille de sa fête, était paré d'un bouquet, que les demoiselles de la confrérie de la Vierge avaient eu l'attention de lui présenter.

Pour terminer tous les détails qui peuvent être de quelque intérêt sur cette Cérémonie, nous ajouterons que M. le Curé a promis d'en perpétuer le souvenir, en la renouvellant, tous les ans, à la même époque. Ce monument exécuté sur les dessins et par les soins de M. Surivet, est d'une belle proportion et fait honneur au talent de ce digne habitant de la commune d'Antony.

La fin de ce jour mémorable a été terminée par un repas que donna M. Paulet à ses parens et amis. — L'on y porta la santé du meilleur des Rois, et l'on fit des vœux sincères pour la gloire de notre sainte religion.

Plusieurs dames de la commune s'étaient réunies dans la soirée pour venir présenter un bouquet à M. Paulet. Comme il en était déjà parti pour Sceaux, où c'était jour de fête, elles ont voulu y aller; mais M. Paulet ne s'y trouvant plus, témoigna ses regrets, plus tard, de n'avoir pas reçu personnellement ces hommages flatteurs.

N'attends plus, ô mon âme, les effets des promesses du monde, élève-toi maintenant vers ton créateur, j'ai vu le plus beau jour de ma vie. Je quitterai cette terre, sans regrets, assuré de l'unique félicité qui doit être l'ambition d'un homme de bien, au sein d'un Dieu tout-puissant et miséricordieux. Je chanterai éternellement les louanges lu Seigneur tout-puissant. Daigne, souverain de l'univers, agréer ce nouvel hommage dû à ta majesté suprême, sous les auspices d'un temps favorable, en cette année, qui rentre dans ton éternité.

EXHORTATION de M. le Curé d'Antony, à tous ses Frères en Jésus-Christ.

MES CHERS FRÈRES,

Venez visiter ce nouveau Calvaire, avec un esprit de pénitence, apportez-y un cœur contrit et humilié. Préférant la considération de votre salut, à toute autre, révérez la croix, dans la vue d'y participer, si Dieu le veut. Ne soyez point dirigés dans vos démarches par le desir de voir des miracles ; Jésus-Christ n'en fit point pour Hérode, ni pour sa cour. Les merveilles de Dieu n'ont point pour but de divertir, mais de convertir les hommes. Venez dans vos langueurs et dans votre abattement, chercher la force et la résignation, auprès de cette croix, sur laquelle Jésus a enduré tant de souffrances, dans son corps mortel, pour l'expiation de nos péchés. La nature, affligée et souffrante, cherche toujours à se soulager; quand les moyens humains lui manquent elle emploie les surnaturels. Il y a, outre le plaisir que nous fait éprouver notre délivrance, quelque gloire d'avoir été regardé de Dieu, comme un objet digne de sa compassion.

Travaillez surtout à obtenir, non la nourriture périssable, mais la nourriture qui demeure dans la vie éternelle, que le Fils de Dieu vous donnera.

Ainsi soit-il.

GLOIRE A DIEU DANS LE CIEL !
PAIX SUR LA TERRE AUX HOMMES DE BONNE VOLONTÉ

PETIT RECUEIL
DE MAXIMES ET PENSÉES CHRÉTIENNES.

La raison qui nous démontre avec tant de clarté l'existence d'un Dieu.

 De l'aurore au couchant, on adore aujourd'hui
 Celui qui de sa croix attira tout à lui.

Le Seigneur est plein de miséricorde à l'égard de ceux dont il a pardonné les péchés; il est patient à l'égard de ceux auxquels il ne les a pas encore pardonnés; il ne les condamne pas, mais il les attend, et par là, semble leur crier : Revenez à moi, et je reviendrai à vous. Ce Dieu nous ouvre son sein, jettons-nous dans ses bras, redoublons, s'il se peut, l'ardeur qui nous anime.

 Hâtons-nous, le temps fuit
 Et nous traîne avec lui. (*)

Heureux l'homme de bien qui meurt avec le Seigneur, il se repose de ses travaux, et ses bonnes œuvres le suivent.

Dieu permet notre mort et nous donne la vie.

La mort du juste est précieuse aux yeux du Seigneur.

 Si mourir pour son prince, est un illustre sort ;
 Quand on meurt pour son Dieu quelle sera la mort ?

(*) Tout le passé, dès qu'il n'est plus, est englouti dans un point : rien de plus sûr, et rien à quoi les hommes pensent moins.

Il n'y a pour l'homme que trois événemens : naître, vivre et mourir ; il ne se sent pas naître, il souffre pour mourir, et il oublie de vivre.
Labruyère.

L'homme doit à son Dieu, car il est son ouvrage ;
Il doit à ses parens qui le rendent heureux ;
Il doit à ses pareils, s'il veut vivre avec eux ;
Tel est de nos devoirs, ici-bas, le partage.

Le vrai bonheur est de faire des heureux. (*)

Faisons pour le bonheur des autres, ce que nous desirons que l'on fasse pour le nôtre.

Tout mortel bienfaisant approche de Dieu même ; il sera récompensé d'avoir fait son propre bonheur.

C'est l'homme de bien dont le cœur est une fête continuelle.

Justes, ne craignez point le vain pouvoir des hommes,
Quelqu'élevés qu'ils soient, ils sont ce que nous sommes.

Soutien constant des malheureux,
Consolateur de la souffrance,
Calme mon cœur, reçois mes vœux,
Divine et céleste espérance. (**)

Dieu lui-même accomplit en nous ce qu'il exige de nous.

Pourquoi le jour a-t-il été donné au misérable et la vie à ceux qui sont dans l'amertume du cœur?

L'homme, né de la femme, vit très-peu de temps, et il est rempli de beaucoup de misères.

Dormez votre sommeil, riches de la terre, et demeurez dans votre poussière.

Le temps est ce que nous avons de plus précieux à mettre à profit sur la terre ; toutes les pertes, excepté celle-là, peuvent se réparer.

(*) Celui qui, dépourvu de la charité, s'imagine être éclairé, ne sait rien. *S. Luc.*

(**) L'ambition naît avec l'homme, et l'espérance l'accompagne au tombeau.

Le sage trouve sa loi dans son cœur.
Soyons sages aujourd'hui pour être heureux demain.

PORTRAIT DE FÉNÉLON, PAR M. PACCARD.

De Dieu même il sonda l'essence,
Des états il traça les lois ;
Il donna des leçons aux Rois,
Et des préceptes à l'enfance.

LES CONSEILS DE LA SAGESSE, PAR M. FÉNÉLON.

Rendez au créateur ce que l'on doit lui rendre;
Réfléchissez avant que de rien entreprendre.
Ne vous associez qu'avec d'honnêtes gens.
Ne présumez jamais de vos heureux talens.
Conformez-vous toujours aux sentimens des autres,
Cédez honnêtement si l'on combat les vôtres.
Faites attention à ce que l'on vous dit,
Et n'affectez jamais d'avoir beaucoup d'esprit.
N'entretenez personne au-delà de sa sphère,
Soyez dans vos discours, poli, droit et sincère.
Tenez votre parole inviolablement,
Mais ne la donnez pas inconsidérément.
Soyez officieux, complaisant, doux, affable,
D'un abord prévenant, d'un accès favorable.
Sans être familier, ayez un air aisé.
Ne décidez de rien qu'après l'avoir pesé.
Aimez sans intérêt, pardonnez sans faiblesse ;
Soyez soumis aux grands sans aucune bassesse.
Cultivez avec soin l'amitié d'un chacun,
Evitez les procès, n'en intentez aucun.
Ne vous informez point des affaires des autres ;
Sans affectation dissimulez les vôtres.
Prêtez de bonne grâce, avec discernement ;
S'il faut recompenser, faites-le noblement.
Quel que soit votre état, vous devez y paraître
Sans faste et sans orgueil, et sans vous méconnaître.
Compâtissez toujours aux disgraces d'autrui,
Supportez ses défauts, soyez fidèle ami.
Surmontez les chagrins où l'esprit s'abandonne,
Sans les faire jamais rejaillir sur personne.
Où la discorde règne apportez-y la paix;
Ne vous vengez jamais qu'à force de bienfaits.

Reprenez sans aigreur, louez sans flatterie,
Riez modérément, entendez raillerie.
Estimez un chacun dans sa profession ;
Et ne critiquez rien par ostentation.
Ne reprochez jamais les plaisirs que vous faites,
Et mettez-les au rang des affaires secrètes.
Prévenez les besoins d'un ami malheureux,
Sans prodigalité rendez-vous généreux.
Modérez les transports d'une bile naissante ;
Ne dites que du bien de la personne absente.
Fuyez l'ingratitude et vivez sobrement.
Jouez pour le plaisir et perdez noblement.
Parlez peu, pensez bien, et ne trompez personne.
Faites toujours état de ce que l'on vous donne.
Ne tyrannisez point le pauvre débiteur.
Soyez toujours égal, toujours de bonne humeur.
Au bonheur du prochain ne portez point envie,
Et ne divulguez point ce que l'on vous confie.
Ne vous vantez de rien, cachez votre secret,
Et dans vos actions, ayez Dieu pour objet.

Chantons donc au Seigneur un cantique nouveau, publions ses louanges d'un bout de la terre à l'autre.

Seigneur, sauvez vos serviteurs et vos servantes qui espèrent en vous, ô mon Dieu !

Soyez-nous, Seigneur, comme une forte tour contre les attaques de l'ennemi.

Que la paix règne dans vos forteresses, ô cité sainte, et l'abondance dans vos tours.

Seigneur, toutes les nations publieront votre gloire, dans tous les siecles des siecles.

Dieu seul est digne de gloire.

Notre secours est dans le nom du Seigneur qui a fait le ciel et la terre.

Est-il un Dieu aussi grand que notre Dieu ?

Vous êtes le Dieu qui opérez les miracles, vous avez fait connaître notre puissance parmi les nations.

Rendons grâces à Dieu.

Le Seigneur ne rejettera jamais aucun de ceux qui viennent à lui.

Ce Dieu touche les cœurs lorsqu'on y pense le moins : ce bienheureux moment n'est pas encore venu ; mais il viendra. Le temps ne m'en est pas connu, et tout ce qui a été auparavant capable de vous affliger, s'effacera de la mémoire sans qu'il revienne dans l'esprit.

Ouvrez les yeux, pécheurs, et voyez votre erreur
La puissance habite auprès de la nécessité.

Il est un Dieu ! les herbes de la vallée, et les cèdres de la montagne le bénissent : l'insecte bourdonne ses louanges, l'éléphant le salue au point du jour, l'oiseau le chante dans le feuillage, la foudre fait éclater sa puissance, et l'océan déclare son immensité.

L'homme seul a dit : *Il n'y a point de Dieu.*(*)

Insensés ! l'univers devant vous étale ses merveilles, pourtant c'est Dieu qui frappe ces grands coups dont le contre-coup porte si loin.

Par M. Sauvage.

Eh ! quel besoin son bras a-t-il de nos secours ?
Que peuvent, contre lui, tous les rois de la terre ?
En vain ils s'uniraient pour lui faire la guerre :
Pour dissiper leur ligue, il n'a qu'à se montrer ;
Il parle, et dans la poudre il les fait tous rentrer.
Au seul son de sa voix, la mer fuit, le ciel tremble,
Il voit, comme un néant, tout l'univers ensemble,
Et les faibles mortels, vains jouets du trépas,
Sont tous, devant ses yeux, comme s'ils n'étaient pas.

Un grand conquérant a dit, à un mourant, sur un champ de bataille : Il est une autre vie, j'espère que c'est là que nous nous reverrons un jour.

(*) Il n'a donc jamais, celui-là, dans ses infortunes, levé les yeux vers le ciel, ou dans son bonheur abaissé ses regards vers la terre.

O mort ! où est ta victoire ? qu'as-tu fait de ton
aiguillon ?
Un jour le laboureur, dans ces mêmes sillons,
Où dorment les débris de tant de bataillons,
Heurtant avec le soc, leur antique dépouille,
Trouvera, plein d'effroi, des dards rongés de rouille;
Verra de vieux tombeaux sous ses pas s'écrouler,
Et des soldats français les ossemens rouler.

O mort! est-il donc vrai que nos âmes heureuses,
N'ont rien à redouter de tes fureurs affreuses ?
Et, qu'au moment cruel qui nous ravit le jour,
Tes victimes ne font que changer de séjour ?
Que ne puis-je prétendre à votre illustre sort,
Ô vous, dont les grands noms sont exempts de la mort!
On ne périt jamais, on ne fait que changer;
Nous mourons seulement pour retourner au jour.
Le Dieu qui, dans ses mains, tient la paix et la guerre,
Tranquille, au haut des cieux, change à son gré la terre.

Ce prince de la paix, le Dieu fort, l'admirable,
son trône est entouré de rois humiliés, qui adorent
son amabilité.
Prosternés près du trône où sa gloire étincelle,
Ils ont le bonheur de le voir dans sa gloire éternelle.
Ses Saints inclinés, d'un air respectueux,
Contemplent de son front l'éclat majestueux.

Que de maux enfantent les passions !
Jamais, dit le grand saint, (*)la fière tyrannie,
Devant le Roi des rois ne demeure impunie ;
Et, de nos derniers chefs, le juste châtiment,
En fournit, à toute heure, un triste monument.

Descends du haut des cieux, auguste vérité.
Le ciel venge la terre : il est juste.
Je ne me suis connu qu'au bout de ma carrière.
Le ciel; le juste ciel venge la terre et les êtres.
Il est donc des forfaits,
Que le courroux des Dieux ne pardonne jamais.

(*) Samuel.

Toi qui dans les enfers me veux précipiter,
Cruelle, cesse enfin de me persécuter.

Et ma vie ne peut payer le sang dont ma main s'est rougie. J'ai fait gémir l'humanité du poids de mon orgueil, le ciel s'est vengé, il m'a puni à jamais, et je l'ai mérité.

Exterminez, grand Dieu, de la terre où nous sommes,
Quiconque avec plaisir répand le sang des hommes.
Mais quand Dieu s'est chargé du soin de la vengeance,
Il t'en laisse un plus beau, celui de la clémence.

Au sujet le plus humble, au plus puissant des rois,
Ce Dieu fait, tour à tour, reconnaître ses lois.

La patrie, un moment, crut le voir infidèle;
Mais en sauvant son prince il a tout réparé.
Le grand nom de Turenne, à jamais révéré,
Proclame des guerriers la gloire et le modèle.

Virtus timoris nescia sordidi.

ÉPITAPHE DE M. DE TURENNE.

Turenne a son tombeau parmi ceux de nos Rois;
C'est le fruit glorieux de ses fameux exploits
On a voulu par là couronner sa vaillance,
    Afin qu'aux siècles à venir,
    On ne fît pas de différence
De porter la couronne ou de la soutenir.

Digna orbis imperio virtus.

Le cœur de ce héros, modèle des guerriers chrétiens, qui illustra un siècle déjà si glorieux, et par les grands hommes qu'il a produits dans tous les genres, et par le puissant monarque qui lui donna son nom; ce cœur resté intact au milieu de tant de destructions et de ravages, préservé de toute souillure parmi tant de profanations et de sacriléges, atteste à tout l'univers que la France est enfin réconciliée avec le ciel, et que la providence, rendant désormais ses bénédictions au royaume de Saint-Louis, veut lui conserver tous les monumens de sa gloire.

PAR M. DELILLE.

Toi dont l'âme sublime,
Gardait un cœur si pur, sous le règne du crime,
O guerrier magnanime et chevalier loyal !
Digne héritier d'un sang ami du sang royal,
Respectable Brissac, ah ! dans ce temps barbare,
Qui n'aime à retrouver une vertu si rare ?
Avec moins de plaisir, les yeux d'un voyageur,
Dans un désert brûlant rencontrent une fleur.
Avec moins de transports, des flancs d'un roc aride,
L'œil charmé voit jaillir une source limpide ;
Modèle des sujets, et non des courtisans,
Les vertus du vieil âge honoraient tes vieux ans :
A son roi malheureux, quel sujet plus fidèle ?

AU DIGNE PETIT-FILS DU GRAND CONDÉ.

Sa mémoire fut honorée dans toute l'Europe par des cérémonies religieuses : on avait mis cette Inscription :

Au Grand et Magnanime Prince,
LOUIS-ANTOINE-HENRI,
BOURBON-CONDÉ, DUC D'ENGHIEN,
Non moins recommandable
Par sa valeur personnelle et celle de ses ancêtres,
Que par sa mort funeste.
Le fléau du genre humain l'a dévoré à la fleur de son âge.

Pater. *Ave.*

Qu'un cœur vertueux trouve de consolation dans sa sainte religion.

En Dieu seul on trouve son repos.

Soyez à jamais glorifiée, religion de Jésus-

Christ, vous qui aviez représenté au Louvre le Roi des Rois crucifié.

In hoc signo vinces.

La croix, apparaissant à Constantin au-dessus du soleil couchant, devient pour lui le signe et le gage de la victoire, qu'il remporte contre Maxence. Chrétiens, que cet exemple soutienne notre espoir, et redouble notre confiance dans ce signe divin, instrument de notre rédemption, et gage de notre salut. Qu'il nous apprenne à vaincre nos passions, qui sont souvent nos plus cruels ennemis. Guerriers, révérez cette croix, ✝ ornement de tant de preux chevaliers, qu'elle consolait dans leurs revers, et qui trouvaient en elle le dédomagement et la récompense de leurs fatigues et de leurs dangers.

N'est-ce pas pour notre sainte religion que Saint Louis alla combattre les infidèles, et que, dans ces contrées lointaines, attaqué d'une maladie mortelle, il se fit étendre sur un lit de cendres, où il expira avec la ferveur d'un saint et le courage d'un héros?

O vertu! que toujours ton pouvoir a de charmes;
Il allége les maux, adoucit les alarmes.

N'est-ce pas pour la cause de cette même Religion, que le vertueux Louis XVI, (*) d'auguste, vénérable et pieuse mémoire, aima mieux endurer la captivité que de donner sa sanction à un décret?

De ses aimables lois chacun goûtait les fruits :
Revenez, heureux temps, sous un autre Louis.

Enfin, n'est-ce pas encore cette même Religion qui a soutenu et consolé une vertueuse princesse du sang royal, dans l'adversité, et même jusqu'à

____
(*) N'est-ce pas la Religion qui console la vertueuse famille de ce Saint Roi?

son trépas, à l'exemple de tant d'illustres martyrs, qui sont entrés dans le sein de la béatitude éternelle?

Adorable vertu, que tes divins attraits,
Dans un cœur qui te perd laissent de longs regrets!
Mais la paix t'accompagne et la gloire te suit.

C'est aussi pour la Religion que le Prince des Apôtres a dit, dans une occasion où sa dignité se trouvait compromise, qu'il se ferait plutôt tailler par morceaux que de la voir profaner.

MI TAGLIARETE PIU TOSTO IN PEZETTI. (*Propres paroles de S.S. Pie VII.*)

Le ciel n'est pas plus pur que le fond de son cœur.

L'Eglise affligée : Mon Dieu! mon Dieu! pourquoi m'avez-vous abandonnée?

L'Eglise consolée: Vive Jésus et son représentant sur la terre!

Vive le Roi et la Religion!
Vive le Roi, le Pape et la paix!

Grand Dieu, chasse la nuit qui couvrait tous les yeux,
Et combats contre nous à la clarté des cieux.

Quoi, ce peuple, aveuglé dans son crime,
A fait du trône un théâtre affreux!
Pensait-il que le ciel complice
D'un si funeste sacrifice,
N'a pour lui ni foudre, ni feux.

Tandis que tout conspire à la guerre sacrée,
La piété sincère, au loin s'est retirée;
Du fond de son désert entend les tristes cris,
De ses sujets, cachés dans les murs de Paris.
Elle quitte à l'instant sa retraite divine;
La foi, d'un pas certain, devant elle chemine:
L'espérance au cœur gai, l'appuie et la conduit:
Vers Paris elle vole, et d'une sainte audace,
Vient aux pieds de Marie, pour implorer sa grace.

Mais lorsque par le ciel le droit est rétabli, les astres, devant toi, s'éclipsent de ta splendeur.

Qu'étiez-vous devenus, beaux siècles, jours naissans;
Temps heureux de l'Eglise, ô jours si florissans!
Et vous, premiers Chrétiens, ô mortels admirables!
Sommes-nous aujourd'hui vos enfans véritables?

  O souverain Seigneur tout puissant! fais-nous la grace de le devenir, afin que nous participions comme eux, au bonheur et à la gloire d'entrer dans ton saint paradis, à la fin de nos jours.
Amen.

Celui qui met un frein à la fureur des flots,
 Sait aussi des méchans arrêter les complots.
.Soumis avec respect à sa volonté sainte,
Je crains Dieu, *cher lecteur*, et n'ai point d'autre crainte.

Un roi juste et paisible, est mille fois plus grand
Que celui qui se plait aux horreurs de la guerre:
  Pour tous les peuples de la terre,
Le pire des fléaux, c'est un roi conquérant.

LE MARIN.

O prodige étonnant! ô fureur incroyable!
Des hommes insensés, sur de frêles vaisseaux,
S'en vont, loin de la terre, habiter sur les eaux,
Et suivant, sur la mer, une route incertaine,
Courent chercher bien loin, le travail et la peine:
Ils ne goutent jamais de paisible repos;
Ils ont les yeux au ciel et l'esprit sur les flots;
Les entrailles émues, les bras étendus,
Ils font souvent, ô Dieu, des prières à Jésus.
Comme l'on voit les flots, soulevés par l'orage,
Fondre sur un vaisseau qui s'oppose à leur rage,
Le vent, avec fureur, dans les voiles frémit,
La mer blanchit d'écume, et l'air au loin gémit:
Le matelot troublé, que son art abandonne,
Croit voir, dans chaque flot, la mort qui l'environne.

  Chose admirable! la Religion chrétienne qui

ne semble avoir d'objet que dans la félicité d'une autre vie, fait encore notre bonheur dans celle-ci.
Montesquieu.

La Religion guide et protége l'homme dans le cours de sa vie.

C'est ici la maison de Dieu et la porte du ciel.

Seigneur, j'entrerai dans ta maison, avec le respect qui t'est dû.

O Seigneur, notre Seigneur, que ton nom est grand par toute la terre.

Source inéfable de lumière, astre dont le soleil n'est que l'ombre grossière! lève-toi, soleil adorable, grand Dieu, qui fais briller, sur la voute étoilée, ton trône glorieux, et d'une blancheur vive, à la pourpre mêlée, peins la voute des cieux.

C'est une chose merveilleuse, que le Dieu de Jacob soit aussi le Dieu de l'Evangile.

Que le Dieu qui lance la foudre, soit encore le Dieu de paix et d'innocence.

Dieu de paix, Dieu de bonté, c'est toi que j'adore; c'est de toi, je le sens, que je suis l'ouvrage, et j'espère de te retrouver au jugement dernier, tel que tu parles à mon cœur durant ma vie.

Sa mère dit à ceux qui servaient : Faites tout ce qu'il vous dira.

Je sens qu'il m'a conduit par sa grande bonté;
D'un heureux avenir je lui dois l'espérance;
D'un Dieu qui me chérit j'entrevois la puissance.
  Que dois-je attendre de ses bontés?
  L'avenir d'une bienheureuse éternité.
Que ta croix, dans mes mains, soit à ma dernière heure,
Et que, les yeux sur toi, je t'embrasse et je meure.
Nature, ô séduisante et sublime Déesse!
O! qui pourra saisir dans leur variété
De tes riches aspects la changeante beauté?

Cantique d'action de grace, en l'honneur de l'Etre Supréme.

    Chantons de Dieu les bienfaits constans,
    Que nos concerts percent les nuages,
    Et que nos voix, sur l'aile des vents,
      Lui portent nos hommages.

    Flambeaux des cieux, astre lumineux,
    Dans la route immense, tracée à nos pas,
    Que votre présence, montre votre puissance,
      A tous les climats.
    Chantons de Dieu, etc.

    Aimable fleur, brillante couleur,
    Notre main demande vos dons précieux,
En riches guirlandes, * Qu'ils servent d'offrandes,
      Au maître des cieux.
    Chantons de Dieu, etc.

    Croissez moissons, * Honneur des saisons,
    Vos belles dépouilles murissent pour nous,
    Et l'Etre des êtres * Pour nous seuls fait naître
      Vos fruits les plus doux.
    Chantons de Dieu, etc.

    Tendres agneaux, * Innocens troupeaux,
    Dieu ne nous confie vos riches toisons
Que pour vous les rendre, * Et pour nous défendre
      Du froid des saisons.
    Chantons de Dieu, etc.

    Entends nos airs, * Dieu de l'univers,
    Ta main paternelle veille sur nos jours,
    Nous serions sans elle, * Comme l'hirondelle,
      Livrés aux vautours.

    Chantons de Dieu les bienfaits constans,
    Que nos concerts percent les nuages,
    Et que nos voix, sur l'aile des vents
      Lui portent nos hommages.

O mon âme ! bénis le Seigneur.

Seigneur, mon Dieu, que vous êtes grand dans vos œuvres !
>Il donne aux fleurs leur aimable peinture,
>Il fait naître et mûrir les fruits,
>Il leur dispense, avec mesure,
>Et la chaleur des jours, et la fraîcheur des nuits.

CONSACRÉ A CELLE QUE DIEU A CHOISIE,
LA PLUS PURE DES VIERGES ET LA MEILLEURE DES MÈRES.

Cantique de l'Angelus, à l'honneur de la Sainte Vierge.

>Un Ange annonçant à Marie,
>Qu'elle enfanterait Jésus-Christ ;
>De la grâce elle fut remplie :
>Elle conçut du Saint-Esprit.
>*Ave Maria, gratia plena, etc.*

>Voici, Seigneur, l'humble servante
>Indigne de votre bonté,
>Je suis, en tout, obéissante,
>Soit faite votre volonté.
>*Ave Maria, gratia plena, etc.*

>Alors le Verbe, né du Père,
>Voulant habiter parmi nous,
>Prit, au chaste sein de sa mère,
>Le corps qu'il a livré pour nous.
>*Ave Maria, gratia plena, etc.*

O divine Marie ! mère de Dieu tout-puissant, refuge des pécheurs, puissante consolatrice des affligés, protégez-moi pendant ma vie, et assistez-moi à l'heure de ma mort.

Cantique.

>Je mets ma confiance,
>Vierge, en votre secours,
>Servez-moi de défense,
>Prenez soin de mes jours.
>Et quand ma dernière heure,
>Viendra fixer mon sort,
>Obtenez que je meure
>De la plus sainte mort. *(Bis le refr.)*

Saint Baronius nous dit : La Vierge Marie, mère du Christ, est enlevée au ciel vers son fils.

Les cantiques de l'Eglise, dit M. *de Chateaubriand*, nous peignent la bienheureuse Marie assise sur un trône de candeur plus éclatant que la neige ; elle brille sur ce trône comme une rose mystérieuse, ou comme l'étoile du matin précurseur du soleil de la grâce. Les plus beaux anges la servent, les harpes et les voix célestes forment un concert autour d'elle. On reconnaît dans cette fille des hommes, (*) le refuge des pécheurs, la consolation des affligés ; elle ignore les saintes colères du Seigneur, elle est toute bonté, toute compassion, toute indulgence : Marie est la divinité de l'innocence, de la faiblesse et du malheur ; elle est la reine de l'univers pour toute l'éternité.

Chantons des hymnes au Seigneur, parce qu'il a fait éclater, en notre faveur, sa grandeur et sa gloire : son nom est le Tout-puissant.

Le prophète Isaïe (**) commence son inspiration par ce magnifique début : Cieux écoutez, et toi, terre, prête l'oreille, car c'est le Seigneur qui parle, et ses paroles méritent toute votre attention. Voici ce qu'il a dit : J'ai nourri des enfans, et je les ai élevés ; et après cela, ils m'ont méprisé et se sont révoltés contre moi, par un aveuglement et une ingratitude qui ne se rencontrent pas, même parmi les animaux les plus stupides.

(*) Et enfin, que l'univers entier connaisse son Dieu, qu'il l'adore, qu'il l'aime ; que la terre se change en ciel, qu'elle s'enorgueillisse même de lui avoir donné sa reine, et par elle un Homme-Dieu, et qu'à son tour, le ciel, toujours reconnaissant, protège et bénisse la terre.

(**) On remarquera qu'Isaïe était avant Jésus-Christ qui est le fils de Dieu.

Ce Dieu, si grand et si admirable, a particulièrement établi sa tente dans le soleil, et il fait principalement éclater sa gloire et sa majesté dans les splendeurs de ce bel astre.

Certes, la colère de Dieu ne fait mourir que l'insensé qui paraissait affermi par de profondes racines.

Le même Dieu a commandé que la lumière sortît des ténèbres, et il fit le jour.

C'est lui qui remue la terre de sa place, c'est lui qui commande au soleil, il tient les étoiles sous le sceau, et elles ne paraissent que par ses ordres. C'est lui qui a formé seul la vaste étendue des cieux, qui marche sur les flots de la mer.

Dieu est plus élevé que le ciel ; comment pénétrer jusqu'à lui pour le connaître ?

La force et la sagesse résident en lui, il connaît celui qui trompe et celui qui est trompé.

Il multiplie les nations, et après les avoir élevées au plus haut point de grandeur et de puissance, il les perd ensuite, et il les rétablit de nouveau après leur ruine. Il change, comme il lui plait, le cœur des princes, en les livrant à leurs sens réprouvés, en les abandonnant à la vanité de leurs conseils. Il commande dans l'arc-en-ciel la lumière de ses nuées. Il a fait les cieux aussi solides que s'ils étaient d'airain, et aussi transparens que le plus beau cristal. Il donne ordre à l'étoile du matin d'annoncer l'approche du jour. Il montre à l'aurore le lieu où elle doit naître. Il tient dans sa main les extrémités de la terre comme on tiendrait un manteau dont on voudrait secouer la poussière. C'est lui qui donne un passage au bruit éclatant du tonnerre et aux éclairs qui l'accompagnent. C'est lui qui est le père de la pluie et qui produit les gouttes de la rosée. Du sein de qui la glace est-elle sortie, et qui a produit dans l'air la gelée? C'est lui qui ramène les douceurs du printemps après les rigueurs de l'hiver. C'est lui qui règle l'ordre et les mouvemens du ciel. Il a mis la sagesse dans le cœur de l'homme. Il a donné au coq l'intelligence qui lui fait marquer les heures différentes de la nuit.

Venez lui offrir vos vœux et vos prières, et vous serez exaucés. Si vous vous convertissez sur la terre, vous entrerez dans le ciel qui est la demeure de la bienheureuse éternité.

C'est ce que vous ferez, Seigneur, en faveur de vos enfans.

Cantique des trois Jeunes Hommes dans la fournaise.

Mon cœur m'inspire un bon propos: c'est de composer cet ouvrage à la gloire du Roi, car le Seigneur aime bien son peuple. Mais, ô puissant Roi, mettez votre épée à votre côté, et chantez, vous tous qui êtes les ouvrages du Seigneur, bénissez l'auteur de votre création; chantez à son honneur, et exaltez sa magnificence; que ses louanges retentissent en l'assemblée des saints: louez-le dans vos concerts de musique avec des tambours, louez-le sur les orgues et violons, sur les cymbales résonnantes, au son de la trompette; racontez ses louanges sur la guittare, sur la harpe et sur le luth.

Que les garçons, les filles, les vieillards et les jeunes hommes, tous d'un même accord, louent le nom du Seigneur, car il est seul digne d'être glorifié, ce que le ciel et la terre reconnaissent: car il a délivré son peuple de la tyrannie, et l'a remis en un état triomphant. Grâces à vous, ô Vierge, sainte protectrice du royaume de France, vous, mère de Dieu, qui avez annoncé la joie à tout l'univers, en lui donnant le soleil de justice.

Oraison aux Saints Rois GASPARD, MELCHIOR et BALTHASAR.

Je vous salue très-affectueusement, ô très-saints Rois, qui avez joui les premiers du bonheur d'adorer notre Seigneur Jésus-Christ ; je vous choisis pour mes saints Patrons et protecteurs singuliers, priez pour moi, maintenant et à l'heure de ma mort.

Ainsi soit-il.

Ces Rois, divin Jésus, offrant à ton enfance,
L'or, la mirrhe et l'encens, présens mystérieux ;
Ceux que t'offrent nos cœurs, l'amour, l'espérance
Et la foi, sont des dons non moins chers à tes yeux.

Le juste vit de la foi, dit l'Apôtre Saint-Paul.

Heureux celui qui craint Dieu, et qui règle ses démarches sur la loi du Seigneur.

LES COMMANDEMENS DE DIEU, EN VERS.

1. Un seul Dieu tu adoreras * Et aimeras parfaitement.
2. Dieu en vain tu ne jureras * Ni autre chose pareillement.
3. Les dimanches tu garderas * En servant Dieu dévotement.
4. Tes père et mère honoreras * Afin de vivre longuement.
5. Homicide point ne seras * De fait ni volontairement.
6. Luxurieux point ne seras * De corps ni de consentement.
7. Le bien d'autrui tu ne prendras * Ni retiendras à ton escient.
8. Faux témoignage ne diras * Ni mentiras aucunement.
9. L'œuvre de chair ne désireras * Qu'en mariage seulement.
10. Biens d'autrui ne convoiteras * Pour les avoir injustement.

LES COMMANDEMENS DE L'ÉGLISE.

1. Les fêtes tu sanctifieras * Qui te sont de commandement.
2. Les dimanches messe ouiras * Et les fêtes pareillement.
3. Tous tes péchés confesseras * A tout le moins une fois l'an.
4. Ton créateur tu recevras * Au moins à Pâques humblement.

5 Quatre-temps, vigile jeûneras * Et le carême entièrement.
6 Vendredi chair ne mangeras * Ni le samedi pareillement.

Chrétien, souviens-toi que tu as aujourd'hui :
Un Dieu à glorifier, * Qui t'a créé pour l'aimer;
Un Jésus à imiter; * Son sang à t'appliquer;
La Sainte-Vierge à implorer; * Tous les anges à honorer;
Une âme à sauver; * Un corps à mortifier;
Une conscience à examiner; * Des péchés à expier;
Des vertus à demander; * Un ciel à mériter;
Un enfer à éviter; * Une éternité à méditer;
Un temps à ménager; * Un prochain à édifier;
Un monde à mépriser; * Des démons à appréhender;
Des passions à dompter;
Une mort, peut-être, ce jour, à souffrir;
Et un jugement à subir
D'un Dieu de vérité, * Pour une éternité;
Ou bienheureux, * Ou malheureux;
Dévot chrétien, * Songes-y bien.

Une vertu attire une autre vertu.

Mon Dieu, j'aime la beauté de votre maison, et le lieu où réside votre gloire; car un seul jour dans votre maison, vaut mieux que mille partout ailleurs.

Eclairez mes yeux, Seigneur, afin que je ne m'endorme pas du sommeil de mort.

Encore un peu de temps, et le méchant ne sera plus; mais les humbles auront la terre pour héritage, et ils trouveront leurs délices dans une profonde paix. *St.-Augustin.*

PRIÈRE.

Grâces vous soient rendues, ô mon Dieu, pour le don ineffable que vous m'avez fait : j'étais dans les ténèbres, et vous m'en avez tiré pour m'appeler à votre admirable lumière : j'étais mort par le péché, et vous, mon Dieu, qui êtes riche en miséricorde, vous m'avez rendu la vie en Jésus-Christ, par l'eau de la régénération : j'étais, par ma naissance, enfant de colère, et vous m'avez rendu participant de la nature divine, par le renouvellement du Saint-Esprit, que vous avez répandu sur moi avec une riche effusion ; afin qu'étant justifié par votre grâce, je devienne l'héritier de la vie éternelle. Qu'il est juste que je vous aime, ô mon Père, puisque vous m'avez tant aimé le premier ! Et comment après être mort au péché, serais-je assez malheureux pour vivre encore dans le péché ? Que je n'oublie jamais, ô mon Dieu, qu'en recevant le Baptême de Jésus-Christ, je me suis dépouillé du vieil homme qui se corrompt en suivant l'illusion de ses passions, et que j'ai été revêtu de l'homme nouveau, qui est Jésus-Christ même. Que je n'aime donc ni le monde, ni ce qui est dans le monde ; mais qu'ayant le bonheur d'être à Jésus-Christ, je crucifie ma chair avec ses passions et ses desirs déréglés. Que je vive par l'esprit de Jésus-Christ, et que je sois dans les mêmes dispositions et les mêmes sentimens où il a été. Que je sois devant vous, ô mon Dieu, comme un enfant nouvellement né, éloigné de toutes sortes de malices, de tromperies et de dissimulations, et soupirant ardemment après le lait spirituel et tout pur de votre parole, qui me fasse croître pour le salut. Ne permettez pas que j'attriste jamais par le péché votre Esprit saint, dont vous m'avez marqué comme d'un sceau et que vous m'avez donné pour gage de l'immortalité qui m'a été promise. Que je porte, par votre grâce, les fruits de toutes sortes de bonnes œuvres, afin qu'après avoir vécu d'une manière digne de vous, j'arrive au royaume et à la gloire à laquelle vous m'avez appelé.

Ainsi soit-il.

PRIÈRE A SON PATRON.

J'ai recours à vous, grand Saint, que l'Eglise m'a donné pour Patron, et qu'elle m'a ordonné de regarder comme mon protecteur. Je desire être votre imitateur, je veux me conduire suivant les exemples que vous m'avez donnés. Obtenez-moi, ô mon Patron, la grace de remplir tous les engagemens de mon baptême, de vivre parfait chrétien, de me préparer à la mort, et de ne jamais rien faire qui déshonore un nom qui ne me vient que de vous, et qui est déjà écrit dans le ciel.

PRIÈRE A SAINTE GENEVIÈVE.

Heureuse Sainte, qui avez été choisie de Dieu entre tant d'âmes, pour être la patrone d'une des plus grandes villes du monde : prenez encore, je vous prie, le soin de ma personne en particulier; et en conduisant ce navire, jetez quelques regards sur moi, pour me servir d'intelligence et de guide durant cette navigation où il y a tant de périls, et où l'on voit si souvent des naufrages. C'est donc entre vos bras, ô ma chère Patrone, que je me jette, et ce sont les aimables lumières de votre clair flambeau que je veux suivre; afin qu'en cette vie, ayant été, par votre moyen, délivré de toute sorte d'ennemis visibles et invisibles, je puisse pour jamais vivre en paix dans le sein de mon Dieu, qui doit être le port de toutes mes espérances.

Ainsi soit-il.

D'une cité superbe, illustre protectrice,
Si du plus haut des cieux ton œil veille sur nous;
Bannis-en l'intérêt, la fraude et l'injustice,
L'ingratitude affreuse, et les soupçons jaloux.
Souviens-toi des faveurs dont tu comblas la France.
Accorde le bonheur à ses timides vœux,
Le Temple qu'elle élève en ton nom glorieux,
Consacre tes bienfaits et sa reconnaissance.

POUR LA VILLE DE PARIS.

Dieu tout-puissant et éternel, qui êtes tout ensemble et l'architecte et le gardien de la Jérusalem céleste; gardez jour et nuit ce lieu et ceux qui l'habitent, afin qu'il soit un lieu d'assurance et de paix.

Nous vous prions, Seigneur, par l'intercession de la bienheureuse Vierge Marie, et de tous les Saints, de garder cette ville et ses habitans, et de les gouverner toujours par votre conduite; afin qu'ils trouvent de la sûreté dans les périls, et de la force dans l'adversité.

Fortifiez, Seigneur, les portes de cette ville, et établissez la paix dans toute son enceinte : Vous qui ne cessez point de la rassasier du froment céleste; Par N. S. J. C.

Peuples (*), vous êtes sauvés,
Grâce à Dieu, la France est guérie;
Payez le vœu que vous devez
A la sagesse de Marie
Enfin après tant d'années,
Voici l'heureuse saison
Où nos misères bornées
Vont avoir leur guérison.
Les Dieux, longs à se résoudre,
Ont fait un coup de leur foudre,
Qui montre aux ambitieux,
Que les fureurs de la terre,
Ne sont que paille et que verre
A la colère des cieux.

Nos fastes sont pleins de lauriers,
De toutes sortes de guerriers;

(*) Dieu donnera lui-même à son peuple une vertu et une force invincible.

Mais, hors de toute flatterie,
Furent-ils jamais embellis
Des miracles que fait Marie
Pour le salut des fleurs de lys.

Sic virtus evehit ardens.

LA FRANCE, AU ROI TRÈS-CHRÉTIEN LOUIS XVIII.

Grand Roi, si jusqu'ici, par un trait de prudence,
J'ai demeuré pour toi, dans un humble silence,
Ce n'est pas que mon cœur, vainement suspendu,
Balance pour t'offrir un encens qui t'est dû.
Le jour paraît enfin, qui termine mes maux.
La paix, fille du ciel, plus belle que l'aurore,
Ramène les zéphirs dans les plaines de Flore,
Et, tarissant mes pleurs, m'annonce un long repos.
Tous les Rois, grand Monarque, ont suivi ton exemple ;
Tes augustes vertus, qui méritent un temple,
T'élèvent au-dessus des plus fameux guerriers :
Leur front, il est bien vrai, fut couronné de palmes ;
Mais par ta fermeté, m'assurant des jours calmes,
Tu feras voir le tien couronné d'oliviers.

L'effort d'une vertu commune
Suffit pour faire un conquérant ;
Celui qui dompte la fortune,
Mérite, seul, le nom de GRAND.

Ton esprit, égal en diverse saison,
Sait triompher de tout et cède à la raison.

Sui victoria indicat regem.

LA FRANCE, A L'OCCASION DU MARIAGE DE MONSEIGNEUR LE DUC DE BERRY.

O France fortunée ! où Mars dans son courroux,
Ne fit voir, autrefois, que sang et que ravage,
Tu vas, à l'avenir, goûter un sort plus doux,
Maintenant que le ciel a dissipé l'orage

Et que, favorable à nos vœux,
Par le plus beau de tous les nœuds
Qu'a formé ce noble hyménée
Il couronne nos destinées.

Cet hymen fortuné, qui réunit le sang
Des augustes maisons de Sicile et de France,

Réunissant les cœurs par ce lien charmant,
Ouvre, à notre bonheur, une vaste carrière.
    La concorde, avec ses attraits,
    Va régner chez nous à jamais ;
    La paix, la gloire et l'abondance
    Sont les fruits de cette alliance.
Grand Dieu, dont on connaît ici le bras puissant,
Nous vous en conjurons, couronnez votre ouvrage,
Que ces nobles époux, jusques au plus grand âge,
Sans trouble et sans chagrin, vivent d'un cœur content.
    Donnant, de leur tige féconde,
    A Louis, des petits-neveux,
    De glorieux héros au monde,
A l'Eglise de Dieu, des protecteurs pieux.

Français, qu'elle est douce ton espérance !
Ces princes si chéris, que le ciel t'a rendus,
Feront cesser les malheurs de la France,
Ils ont du bon Henri le cœur et les vertus.

Henri, par ses malheurs, apprit à gouverner,
Calma les factions, sut vaincre et pardonner ;
Confondit et Mayenne, et la Ligue, et l'Ibère,
Et fut de ses sujets le vainqueur et le père.

Qu'aux accens de ma voix, la terre se réveille,
Rois, soyez attentifs ; Peuples, prêtez l'oreille :
Que l'univers se taise et m'écoute parler,
Mes chants vont seconder les accords de ma lyre,
L'Esprit Saint me pénètre, il m'échauffe, il m'inspire,
Les grandes vérités que je vais révéler.

L'homme en sa propre force a mis sa confiance :
Ivre de sa grandeur et de son opulence,
L'éclat de sa fortune enfla sa vanité ;
Mais, ô moment terrible, ô jour épouvantable,
Où la mort saisira ce fortuné coupable,
Tout chargé des liens de son iniquité !
Que deviendront alors, répondez, grands du monde,
Que deviendront ces biens, où votre espoir se fonde,
Et dont vous étalez l'orgueilleuse moisson ?
Sujets, amis, parens, tout deviendra stérile ;
Et dans ce jour fatal, l'homme, à l'homme inutile,
Ne paira point à Dieu le prix de sa rançon.

Vous avez vu tomber les plus illustres têtes,
Et vous pourriez encore, insensés que vous êtes,
Ignorer le tribut que l'on doit à la mort;
Non, non, tout doit franchir ce terrible passage,
Le riche et l'indigent, l'imprudent et le sage,
Sujets à même loi, subissent même sort.

Justes, ne craignez point le vain pouvoir des hommes,
Quelqu'élevés qu'ils soient, ils sont ce que nous sommes:
Si vous êtes mortels, ils le sont comme vous.
Nous avons beau vanter nos grandeurs passagères,
Il faut mêler sa cendre aux cendres de ses pères,
Et c'est le même Dieu qui nous jugera tous.

   Seigneur, dans ta gloire adorable
   Quel mortel est digne d'entrer ?
   Qui pourra, grand Dieu, pénétrer
   Ce sanctuaire impénétrable,
Où tes Saints inclinés, d'un œil respectueux,
Contemplent de ton front l'éclat majestueux?

   Ce sera celui qui du vice
   Evite le sentier impur,
   Qui marche, d'un pas ferme et sûr,
   Dans le sentier de la justice;
Attentif et fidèle à distinguer sa voix,
Intrépide et sévère à maintenir ses loix.

   Ce sera celui dont la bouche
   Rend hommage à la vérité;
   Qui, sous un air d'humanité,
   Ne cache point un cœur farouche;
Et qui, par des discours faux et calomnieux,
Jamais à la vertu n'a fait baisser les yeux.

   Celui devant qui le superbe,
   Enflé d'une vaine splendeur,
   Paraît plus bas dans sa grandeur
   Que l'insecte caché sous l'herbe;
Qui, bravant du méchant le faste couronné,
Honore la vertu du juste infortuné.

Celui, dis-je, dont les promesses,
Sont un gage toujours certain ;
Celui qui d'un infâme gain
Ne fait point grossir ses richesses;
Celui qui sur les dons du coupable puissant,
N'a jamais décidé du sort de l'innocent.

Qui marchera dans cette voie,
Comblé d'un éternel bonheur,
Un jour, des élus du Seigneur
Partagera la sainte joie ;
Et les frémissemens de l'enfer irrité
Ne pourront faire obstacle à sa félicité.

J.-B. Rousseau.

Las d'espérer et de me plaindre
Des muses, des grands et du sort,
C'est ici que j'attends la mort,
Sans la desirer ni la craindre.

L'heure fuit, songe au temps où tu ne vivras plus.

(*) Le temps, ce bien plus sacré, plus précieux que l'or, est pour l'homme un fardeau plus pesant et plus vil que le plomb. Mortel, sais-tu ce que vaut un instant ? cours le demander à l'homme étendu sur son lit de mort. Mortels, rappelez la vertu pour reconquérir les heures usurpées. Le temps est un dieu tout-puissant, l'homme fuit le temps, et le temps fuit de l'homme.

Les heures, les jours, les mois, les années, sont ses nombreux enfans. Il vole et s'agite autour de nous, comme une multitude d'ailes et de plumes inégales, qui composent les vastes ailes de leur père.

Tuer le temps, c'est écraser le germe naissant d'où devait sortir un ange ; le vrai sage s'entretient avec ses heures passées, il leur demande quel

---

(*) Si vous aimez la vie, épargnez le temps, car c'est l'étoffe dont elle est faite, compte elles ont rendu de lui à l'Etre suprême.

Où le trouverai-je, ce Dieu bienfaisant? Anges, dites-moi où il réside? vous le savez, vous êtes près de son trône, vous l'environnez avec respect de vos ailes brillantes. Ah! verrai-je l'éclat qui sort de sa face majestueuse? reconnaîtrai-je la trace de ses pas immortels, à la foule de fleurs qu'ils font éclore? Montrez-moi ce Monarque indépendant, ce souverain maître de l'éternité, où ceux qui le voient n'ont plus rien à redouter.

Si l'homme, en naissant, pouvait voir rassemblés dans une masse tous les maux qu'il souffre en détail le long de sa vie, il la rejetterait avec horreur. La jeunesse n'est pas aussi riche en jours qu'elle pense follement. La mort est à la porte, elle épie l'instant de nous surprendre. Mais l'insensé qui perd ses jours lutte contre elle et s'oppose à Dieu; en voulant résister à son créateur, il fait violence à son être.

La nature, sans fleurs, sans fruits, et sans verdure,
Pleure, en habits de deuil, sa riante parure.

LA MORT ET LE BUCHERON.

Un pauvre bucheron, tout couvert de ramée,
Sous le faix du fagot, aussi bien que des ans,
Gémissant et courbé, marchait à pas pesans,
Il tâchait de gagner sa chaumière enfumée;
Enfin, n'en pouvant plus, d'efforts et de douleur,
Il met bas son fagot, il songe à son malheur:
Quel plaisir a-t-il eu, depuis qu'il est au monde?
En est-il un plus pauvre en la machine ronde?
Point de pain quelquefois, et jamais de repos.
Sa femme, ses enfans, les soldats, les impôts,
    Le créancier et la corvée,
Lui font, d'un malheureux la peinture achevée.
Il appelle la mort, elle vient sans tarder,
    Lui demande ce qu'il faut faire.
    C'est, dit-il, de m'aider
A recharger ce bois, tu ne tardes pas guère.

Le trépas vient tout guérir,
Mais ne bougeons d'où nous sommes :
Plutôt souffrir que mourir :
C'est la devise des hommes.

Dieu a dit : *Aide-toi, je t'aiderai.*

O chantre du trépas ! Young, inspire-moi ; le sujet que je chante est encore digne de toi. L'homme lâche craint la mort, le courageux la méprise, et le sage la desire.

Vivre, ce n'est pas un bonheur; mourir, ce n'est pas un malheur, c'est un bienfait de la nature.

Que la crainte de la mort est profondément imprimée dans le cœur de l'homme !

Ecoute mes vers, je chante son souverain remède. Prétendre au bonheur, ici-bas, c'est résister aux décrets de Dieu, c'est entreprendre les droits du ciel sur la terre. L'homme le plus vertueux ne manque jamais d'ennemis. L'œil de l'Eternel est ouvert sur l'univers et sur moi. C'est ta voix que j'entends, arbitre souverain de la vie et du trépas, soleil immortel de la nature, toi, qui du sein des ténèbres où j'étais plongé plus vil que l'insecte et que la poussière que je foule, me fis éclore par un de tes rayons féconds, pour marcher triomphant dans la lumière, et m'enivrer de l'éclat du jour ; tu ne m'as donné l'existence que pour me rendre heureux.

Je t'obéis avec joie; je me livre à toi, je sais en qui je me confie ; c'est en toi que je veux vivre et mourir.

O mort ! je goûte du plaisir à songer à toi : tu es le terme de toutes les peines. La mort est la couronne de la vie. Quand mourrai-je, pour vivre toujours dans l'éternité ? Règne seul, doux sommeil, toi, dont le beaume répare la nature épuisée. Heureux ceux qui ne se réveillent plus, pourvu pourtant que des songes effrayans n'épouvantent pas les morts dans le fond du tombeau. Une heure sonne, nous ne comptons les heures qu'après qu'elles sont perdues. Où sont, maintenant celles qui l'ont précédée ? Elles sont avec les années qui ont vu naître le monde. Ce signal m'annonce qu'il faut quitter la vie. Les hommes vivent comme s'ils ne devaient jamais mourir : à les voir agir, on dirait qu'ils n'en sont pas bien persuadés ; ils s'alarment pourtant lorsque la mort frappe près d'eux quelque coup inattendu ; les cœurs sont dans l'effroi. Que la mort est bizarre et cruelle ! si du moins elle n'emportait que les malheureux et les vieillards, si elle s'assujetissait à suivre le cours de la nature, au lieu de la devancer, si elle attendait que nos corps, consumés par les ans, tombassent d'eux-mêmes en poussière pour la balayer dans le tombeau ; mais souvent l'impitoyable nous y traîne pleins de santé : quand la vie est un mal, elle nous la laisse ; est-elle un bien ? elle nous l'arrache. Elle se plait à laisser survivre l'indigent au riche, et le mortel misérable au mortel fortuné. Que d'hommes robustes sont cousus dans le drap mortuaire par des faibles mains, dont la vie n'est qu'une mort lente et continuelle ! Combien de fois voit-on un père, décrepi et courbé, pleurer sur la tombe de ses jeunes enfans !

Sans doute l'Eternel a dit à la mort : Frappe les coups les plus inattendus et les plus propres à allarmer les vivans. Qu'elle est fidelle à s'acquitter de ces ordres terribles ! Combien dorment maintenant sous la terre, qui jouaient, l'année dernière, un rôle brillant sur sa surface, et dont le nom tient encore le monde attentif au bruit de leur renommée !

Le ciel nous favorise-t-il en nous laissant passer le terme ordinaire de la vie ? Devons-nous nous applaudir de rester encore debout sur des jambes débiles et fatiguées de nous porter, après l'heure où le genre humain a coutume d'aller se reposer, (*) Peut-être le ciel ne laisse-t-il vivre si long-temps, que ceux qui le méritent le moins? Nous avançons vers la tombe les yeux fermés.

J'entends la vieillesse insatiable crier sans cesse: Encore des jours, encore des richesses, encore des plaisirs! Quelle fureur vous possède, vous qui voulez mourir riches! Dispose de tes biens, parce que tu mourras, et que tu ne peux pas toujours vivre. (**) Que le jour des Cendres nous rapelle bien ce que nous sommes.

Dixit insipiens in corde suo : non est Deus.

Entre ici sans faire tort,
Souviens-toi que le premier homme
Ne prit du jardin qu'une pomme,
Qu'il lui en couta la mort.

Tel est donc de la mort l'inévitable empire,
Vertueux ou méchant, il faut que l'homme expire.
La foule des humains est un faible troupeau
Qu'effroyable pasteur, le temps, mène au tombeau.
Près de ces ossemens, et sous ces voutes sombres,
Ah! pour le malheureux, quel calme, quelle paix!
Pour le fier habitant des somptueux palais,
Quel affligeant séjour que le séjour des ombres!

La mort a des rigueurs à nulle autre pareilles :
On a beau la prier,
La cruelle qu'elle est, se bouche les oreilles,
Et nous laisse crier.

(*) Vas où tu peux, mourir où tu dois.
(**) L'homme propose et Dieu dispose.

Le pauvre en sa cabanne, où le chaume le couvre,
Est sujet à ses lois ;
Et la garde qui veille aux barrières du Louvre
N'en défend pas nos Rois.

Aussitôt un grand Roi qu'un berger elle emporte ;
Les hommes, en mourant, n'ont qu'une qualité.
L'entrée et le départ sont tout de même sorte,
La fortune et l'abus font l'inégalité.

Attends, pour louer un beau jour,
Que le char du soleil ait achevé son tour ;
Pour louer une belle vie,
Attends que la mort l'ait suivie.

Ainsi que vous, hier, nous connaissions la vie,
Ainsi que nous, demain, vous connaîtrez la mort.
Pourquoi gémissez-vous, songeant à notre sort,
Non, le vôtre n'est pas le plus digne d'envie.

Veillez et priez, car vous ne savez ni le jour ni l'heure.
Celui qui garde ma parole ne mourra jamais J. C.

Les méchans sont emprisonnés dans ces tombeaux, comme dans un cachot profond, où ils attendent leur jugement et leur supplice. Que leur départ de la vie fut affreux et cruel, lorsqu'un nuage d'horreur, avant-coureur d'une nuit éternelle, environna leur paupière mourante et prête à se fermer ! quel frisson dans tous leurs sens ! quel effroi dans leurs regards, lorsque des bords où finit la vie, ils aperçurent l'abyme épouvantable qui les attirait !.... Oh ! quelle affreuse perspective les environne en ce moment, et leur présente partout le désespoir ; enfin ils commencent à prier, ils essayent de fléchir. Et qui prieront-ils ? le Dieu qui s'avance pour les juger. Ils sont bien forcés de s'adresser à lui ; leurs lèvres tremblantes prononcent quelques paroles mal articulées..... Mon cœur desire que Dieu les écoute; mais, hélas! qui peut dire si sa majesté, si long-temps outragée, prêtera l'oreille à leur plainte tardive, et leur fera grace.

C'est ici le temple de la mort : ouvrez-vous, portes éternelles : le juste y entre sans frayeur.

Le nom de Chrétien est le plus sublime que l'homme puisse porter. Il s'en trouve pourtant qui effacent de leur front l'heureuse empreinte de la croix, comme une tache impure qui les déshonore. L'homme sans vertu est un homme mort : fût-il roi, sa robe royale n'est qu'un drap funéraire sous lequel il est enséveli. Quand la vertu s'éteint dans un cœur, l'éclat de l'or augmente à ses yeux. La Religion est la chaîne d'or qui unit la terre et les cieux. Tant que l'homme est mortel, il ne peut que chercher Dieu, et jamais le trouver.

Grand avenir, roi du passé et du présent, quand irai-je me prosterner à tes autels?

Aux accens de ma voix, terre prête l'oreille; ne dis plus, ô Jacob, que ton Seigneur sommeille : pécheurs disparaissez, le Seigneur se réveille.

Que ne puis-je par ma reconnaissance le venger des ingrats qui l'oublient!

Où commencerai-je sa louange, pour ne la finir jamais?

De quelque côté que je tourne mes yeux, la nature me crie de lui applaudir.

Je veux chanter l'ouverture fatale du livre des destins, et les demeures brillantes des anges et des hommes vertueux, l'horrible destinée des coupables, le séjour affreux des tourmens et des maux : c'est ici le dernier et le plus grand effort de ma muse.

Homme! ouvre les yeux, et contemple la beauté de l'univers; vois la terre et la riante surface de ses plaines se tapisser de verdure et de fleurs, dont le printemps l'embellit; ces moissons dorées dont l'enrichit l'automne. Entends les mugissemens de l'antique océan, vois ces monstres qui se meuvent dans son sein : vois ces forêts qui s'élèvent et couronnent la cîme des monts : vois ces vastes cités, ces armées nombreuses, ces flottes immenses. En ce moment, la trompette fatale, à moitié cachée dans les nuages, à moitié découverte à l'œil des mortels, ses bruyans éclats pénétreront jusqu'au centre de la terre, et ébranleront les voutes de l'univers. Les vivans tomberont morts, les morts s'éveilleront de terreur : jamais son plus formidable n'effraya la nature; c'est le crime qui rend ce dernier jour si terrible. O terre! telle est ta destinée, quelle consolation, quel asyle offriras-tu à ton coupable maître? Que l'homme sera profondément humilié! Vois la vaste enceinte de l'amphithéâtre où toute la race humaine doit entendre son arrêt

Jamais, jamais son si épouvantable n'a précipité la pensée dans un abyme sans fond.

Enfans des hommes! préparez-vous au jugement, crie une voix éclatante qui perce les airs. Mais la ruine de ce globe n'éteindra pas l'incendie, sa fureur en sera augmentée, les flammes s'élanceront dans les nuages et gagneront les cieux; le soleil et la lune, les étoiles, tout sera consumé. Il ne restera plus aucun vestige de cette voute, si vaste, si brillante; une heure va détruire tout l'ouvrage qui coûta six journées au Tout-puissant. C'est pour ce grand jour que tous les autres jours ont passé, que la terre est sortie du chaos et l'homme de la terre. Telle est la scène qui doit terminer les espérances des mortels. Ah! quelle est la main cruelle, s'écriera le coupable, qui a brisé les barrières de la tombe où je dormais en paix? O mort barbare! tu ne m'as donné qu'un abri passager, tu ne m'as retenu quelque temps dans ton sein, que pour me livrer à la colère d'un Dieu vengeur. C'est cette heure, sur laquelle le Tout-puissant a, de toute éternité, tenu ses yeux attachés, qui a déterminé la création de l'univers. Lorsque l'heure fatale sera arrivée, la nature consternée frissonnera à l'approche de sa fin. Alors, dix mille trompettes à-la-fois, seront succédées par un profond et vaste silence. (*) Les anges et les hommes restent muets et immobiles, le juge terrible promène ses regards, les cieux sont remplis de l'éclat de sa gloire. Alors il pose la main sur le livre fatal, que des séraphins soutiennent devant lui. A l'instant où il brise le sceau, on entend un gémissement universel.

O mon âme! seras-tu là?

De violens éclats de tonnerre donnent le signal, tous les météores s'attroupent dans les cieux, mille éclairs seront lancés sur la terre; vous entendrez ce craquement effroyable dont tout le globe retentira dans sa profondeur, toutes les parties de la terre seront confondues et dissoutes dans un même deluge.

Mortels pensez-y bien, que de tourmens pour un moment d'erreur!

Heureux les justes, qui règneront avec Dieu dans le ciel, pendant l'éternité.

Malheur aux pécheurs, qui seront dans l'enfer avec les démons durant l'éternité.

Vous êtes suspendus entre les deux éternités,

(*) *Surgite mortui.*

l'une ou l'autre sera votre partage, choisissez entre une éternité très-heureuse ou très-malheureuse.

Voyez à la droite : quels visages aimables et gracieux ; comme l'image du Créateur est vivante dans leurs traits rajeunis, quelles riantes couleurs, quels yeux brillans d'un éclat immortel, quel air triomphant! leur regard, noble et fier, ose s'arrêter sur le tribunal où le juge redoutable est assis, soutenir le regard menaçant de sa colère. O gloire du juste ! sont-ce là ces formes humaines qui étaient tombées en poussière ? Mais on voit encore sur leur front quelques traces légères de trouble et de crainte altérer leur joie.

Vois à la gauche : quel abattement, quelle pâleur hideuse défigure les visages ; quelque chose de plus horrible que la mort est empreint dans leurs traits convulsifs ; vois dans quelles angoisses, dans quelles transes d'effroi ils frappent leur sein et détournent la vue.

C'est moi qui vis tomber les légions rebelles ;
C'est moi qui vois passer les races criminelles ;
C'est par moi qu'on arrive aux douleurs éternelles.
La main qui fit les cieux posa mes fondemens ;
J'ai de l'homme et du jour précédé la naissance,
  Et je dure au-delà des temps.
Entré, qui que tu sois, et laisse l'espérance.
Dentibus suis fremet et tabescet.

C'est là que chaque crime est puni, et que le remords dévore ses victimes.

Au dessous, c'est un séjour d'horreur où les ténèbres sont entassées sur les ténèbres, où les peines se succèdent par un long enchaînement. Au milieu est une mer de soufre vaste et profonde, dont les flots brûlans se soulèvent pour engloutir et dévorer leur proie. A cette vue épouvantable, les élus, dans le sein même de la félicité, ne peuvent se défendre d'un sentiment de terreur,

et s'empressent autour du trône de l'Eternel. Telle
est la scène qui doit terminer les espérances et
les craintes des mortels. (*)
Je cède à mon génie, et je veux dans mes veilles,
Des corps, jadis changés, célébrer les merveilles.
Dieu, vous qui fîtes ces changemens divers,
Dans ce hardi projet, encouragez mes vers.

LE CHAOS.

Avant la mer, la terre et la voute des cieux,
La nature, cette œuvre admirable des dieux,
Sans mouvement, sans vie, indigeste, uniforme,
N'était qu'un tout confus, où rien n'avait sa forme.
Un Dieu, de l'univers architecte suprême,
Ou la nature enfin se corrigeant soi-même;
Quand ce Dieu, quel qu'il fut, en des lieux différens,
Aux élémens divers eut assigné leurs rangs.
De la terre, d'abord informe en sa structure,
Sa main en orbe arrondit la figure.
Moins léger que le feu, mais plus léger que l'onde,
Le fluide des airs environne le monde.
C'est là qu'il suspendit les nuages mouvans,
La foudre, effroi de l'homme, et l'empire des vents;
Mais celui qui des airs leur a livré les plaines,
Asservit à ses lois leurs bruyantes haleines,
Et rendant leurs discords utiles à l'univers,
Relégua chacun d'eux en des climats divers.
Lorsque le grand arbitre eut prescrit ces limites,
A des astres sans nombre il traça leurs orbites,
Tout le ciel rayonna de flambeaux éclatans,
Dans les nuits du chaos obscurcis trop long-temps.
Mais la nature encor semblait attendre un maître
Doué de la raison, un roi digne de l'être.
Enfin l'homme naquit; soit qu'un être divin
L'ait animé d'un souffle émané de son sein;
Soit que la terre encor de jeunesse parée,
Des rayons de l'éther à peine séparée,
Eût imprégné de vie un limon plus parfait.

───────────────

(*) Il est impie de disperser les restes de l'homme, car
la cendre et les ossemens retourneront à la lumière, et
deviendront semblables aux dieux.

L'âge d'or, âge heureux du monde en son enfance,
Sans règle et par instinct, observa l'innocence,
Et sans que le pouvoir des Consuls et des Rois,
Eût gravé sur l'airain la menace des lois.
Sans que le châtiment servît de rien au vice,
Par amour du devoir on suivait la justice.
De crainte et de respect, un juge environné,
N'effrayait pas le crime à ses pieds prosterné;
L'homme, simple en ses mœurs et simple en sa droiture,
Pour juge avait son cœur, et pour loi la nature.

Rien n'est beau que le vrai, le vrai seul est aimable.

Insensé, quel fantôme ici-bas te fait la loi.

Mais nul homme, certain d'un bonheur sans retour,
Ne peut se dire heureux avant son dernier jour.

Le léopard aux siens ne fit jamais la guerre,
Et l'ours du sang de l'ours ne souille point la terre. (*)
L'homme seul, est de l'homme un ennemi constant,
Et son intérêt seul le rend bon ou méchant.

A côté de ce spectacle on voit celui des plus sublimes vertus; on voit que si les hommes sont très-malheureux, c'est par leur faute, et que Dieu leur a donné tous les moyens de s'élever au bonheur des anges; bonheur dont ils s'éloignent par l'abus énorme d'une liberté que sa justice ne lui a pas permis de leur refuser.

Quand l'univers écraserait l'homme, dit *Pascal*, l'homme serait encore plus grand que l'univers, car il sentirait que l'univers l'écrase, et l'univers ne le sentirait pas.

Massillon; son éloge de Loui XIV est remarquable par cette phrase: Dieu seul est grand,

---

(*) Tous les animaux sont soumis à la puissance de l'homme, parce que Dieu les lui a abandonnés. L'homme doit être soumis à la puissance de Dieu, qui est son créateur, qu'il a formé à son image.

mes frères ! C'est un bien beau mot que celui-là, prononcé devant le cercueil de *Louis-le-Grand*.(*)

O mon âme ! arrête un moment, rassemble dans ta pensée tous ces prestiges et tous ces fantômes trompeurs de la vie qui tentent tes désirs et séduisent tes sens ; examine, apprécie dans ce lieu leur juste valeur ; suppose que je fus un de ces grands, que la fortune me prodigua ses dons, la volupté ses jouissances, la grandeur ses distinctions, la richesse son or : quand la cloche sonnera ton départ de la vie, quand cette voix d'airain te sommera de te rendre à cette dernière retraite, réponds, que feras-tu de tous ces biens si vantés ? que deviendra-t-elle, cette existence si brillante ?... Ciel ! est-ce là ce bonheur qui excite tant d'envie, qui soulève tant de passions ?

Je vous rends graces, tristes débris de noms pompeux et titres magnifiques, vous m'avez appris, mieux que tous mes livres, le néant de ce monde. Ce drap funèbre qui enveloppe ce grand de la terre, cette urne étroite qui le circonscrit : voilà des preuves incontestables du néant des grandeurs humaines. Non, jamais je ne vis cette vérité plus frappante et plus sensible que sur la poussière des Rois. C'est de ces cendres que j'apprendrai à demander peu aux mortels, à n'en rien attendre, et à me détromper de toutes ces illusions d'un monde périssable. O mon âme ! qu'elles ne sortent jamais de ma mémoire, pour qu'elle soit fidèle à me les retracer quand le jour commence et quand le jour finit.

(*) C'est en vain que l'erreur, des deux bouts de la terre
Souleva contre lui mille ennemis jaloux,
Toujours grand dans la paix, mais plus grand dans la guerre
Son foudre suffit seul pour les terrasser tous.

Pleurez, mes yeux, et fondez-vous en eau,
La moitié de moi-même a mis l'autre au tombeau.

Ah! si ce Dieu sublime, échauffant mon génie,
Ressucitait, pour moi, de l'antique harmonie
    Les antiques accords;
Si je pouvais du ciel franchir les vastes routes,
Où percer, par mes chants, les infernales voutes
    De l'empire des morts!
Dans ces grands tombeaux, où leurs ames hautaines,
    Font encor les vaines;
    Ils sont mangés des vers.

Là se perdent ces noms de maîtres de la terre,
D'arbitres de la paix, de foudres de la guerre.
Comme ils n'ont plus de sceptre, ils n'ont plus de flatteurs.
Ils tombent avec eux d'une chute commune,
    Tous ceux que leur fortune
    Faisait leurs serviteurs.

Ainsi, puisse le ciel, toujours pur et tranquille,
Verser sur tous les jours que votre main nous file,
    Un regard amoureux;
Et puissent les mortels, amis de l'innocence,
Mériter tous les soins que votre vigilance
    Daigne prendre pour eux.

    L'aurore luit sur l'hémisphère;
Que Jésus, dans nos cœurs, daigne luire aujourd'hui;
Jésus, qui, tout entier, est dans son divin père,
Comme son divin père est tout entier en lui.

    Gloire à toi! Trinité profonde,
Père, Fils, Esprit Saint, qu'on t'adore toujours,
Tant que l'astre des temps éclairera le monde,
Et quand les siècles même auront fini leur cours.

Nous mourrons tous, et il viendra un jour qui sera pour nous le dernier des jours. Ce moment nous est inconnu, et il viendra plutôt que nous ne pensons. De ce moment dépend notre éternité. Rien de si commun, tous les jours on entend dire: Un tel est mort: Une telle vient d'expirer: Tel a été frappé d'un accident imprévu : Telle a été enlevée après une longue maladie : Un tel vient d'être assassiné : Tel autre s'est noyé : Celui-ci a fait une chute et est resté sur le coup: Celui-là a été écrasé sous les ruines d'un bâtiment. Chaque jour nous en fournit un exemple. Nous en donnerons un, quelque jour, aux autres On regarde toujours la mort dans un grand éloignement, comme si elle ne devait jamais arriver. On entend dire : Un tel est mort subitement, et on se flatte toujours d'une longue vie. A la mort des autres, on trouve toujours des raisons pour se rassurer soi-même. Cette personne est morte, dit-on, mais elle n'avait point de santé ; elle languissait depuis long-temps ; elle ne se ménageait point ; elle faisait des excès ; on l'avait avertie ; elle était menacée de tels accidens ; on ne l'a pas secourue à temps et à propos. Ainsi trouve-t-on des raisons pour se rassurer, au lieu de se dire : Un tel est mort aujourd'hui, qui m'a dit que demain je serai en vie : Un tel a été enlevé subitement de ce monde, peut-être demain les cloches funèbres annonceront ma mort : Tel croit être bien éloigné de sa dernière heure, qui porte le trait de la mort dans son sein ; Il pense aujourd'hui à une partie de plaisir, et demain il sera devant Dieu.

Quand vous serez venu à ce moment fatal, il n'y aura plus pour vous, ni plaisirs, ni charges, ni parens, ni richesses, ni grandeurs, ni amis. Eussiez-vous à votre disposition tous les biens du monde, tout cela ne vous accompagnera que jusqu'au tombeau : un suaire et un cercueil, c'est tout ce que vous emporterez de cette vie. L'action de ce fameux empereur, si renommé par ses conquêtes, peut vous en instruire parfaitement. Un moment avant que d'expirer, il appela celui qui portait sa bannière devant lui, dans toutes ses batailles, et lui commanda d'attacher au bout d'une lance un morceau de drap dans lequel on devait l'ensevelir, et de le lever comme l'étendard de la mort qui triomphait d'un si grand prince, et de crier, en le montrant à tout le monde: *Voilà tout ce que le grand Saladin, vainqueur et maître de l'Empire d'Orient, emporte de tous ses trésors et de toute la gloire qu'il s'est acquise par tant de conquêtes.*

Les hommes en mourant n'ont qu'une qualité. L'entrée et la sortie sont tout de même sorte. Ce spectacle qui mérite d'être considéré de tous les hommes comme une vive et excellente leçon de la vanité des grandeurs du monde, et qui doit vous apprendre, en le voyant, que, si la fortune ou la naissance vous élèvent au-dessus des autres, la mort, qui doit un jour vous égaler aux plus pauvres et aux plus misérables, ne vous laissera rien de tout ce qui fait votre grandeur en ce monde. Il n'y aura que les biens de votre âme et vos vertus qui vous accompagneront au tribunal de Dieu.

Je ne puis mieux vous représenter la frayeur d'un pécheur à l'article de la mort, qu'en vous mettant devant les yeux la triste fin de l'impie Balthazar. Un jour que ce prince faisait un grand festin, où il avait invité tous les principaux seigneurs de son royaume, ayant ordonné, dans la chaleur du vin, qu'on apportât les vases sacrés du temple de Jérusalem, pour y faire boire tous les conviés, Dieu lui fit connaître, qu'en punition de sa profanation, il ne lui restait plus que très-peu d'heures à vivre. Malheureux! le moment de son jugement est venu; à l'instant, il voit une main terrible qui écrit, sur la muraille, son arrêt, en ces termes : MANE, THECEL, PHARES; *J'ai compté, j'ai pesé, j'ai divisé.* J'ai compté tes jours, tu es à la fin. J'ai pesé tes actions, et elles te condamnent. J'ai divisé ton royaume, et je le livre à tes ennemis. Telle est la sentence portée et le jugement arrêté contre lui. La nuit même tout s'exécute, il meurt en réprouvé comme il avait vécu en impie. Comme un voleur vient surprendre dans la nuit, et attaquer dans la profondeur du sommeil, ainsi la mort viendra vous surprendre dans la nuit du péché. Les vierges folles s'endorment en attendant la venue de l'Epoux : au milieu de la nuit l'époux vient; elles se présentent, elles sont rejetées. Le serviteur est surpris à l'arrivée de son maître : il est saisi, lié, précipité dans les ténèbres extérieures. Esaü vend son droit d'aînesse, il veut en revenir; mais il n'est plus temps, la bénédiction est perdue pour toujours. Anthiocus mourant, prie, gémit et soupire. Malheureux ! l'Ecriture dit que son cœur n'était pas droit; il demande un pardon qu'il ne devait pas obtenir. On dit : Mais les ouvriers qui sont venus à la dernière heure travailler à la vigne, reçurent encore la récompense. Il est vrai; mais ces ouvriers étaient sur la place, ils attendaient; ils demandaient du travail; et les pécheurs qui diffèrent, où sont-ils ? Dans les jeux, les amusemens, les désordres. Et la demandent-ils leur conversion ? On dit encore : Le bon larron s'est converti à la mort, nous pouvons donc espérer. C'est moins un exemple, qu'un miracle et un prodige. Pécheurs, attendez-vous, méritez-vous ce miracle de grace ? Il se convertit, et où ? à côté de Jésus-Christ, mourait tout arrosé de son sang. Mais en même temps, tournez les yeux de l'autre côté, et voyez avec frayeur le mauvais larron, qui meurt en désespéré sous les yeux de Jésus-Christ même. Voyez, et au lieu de vous rassurer, tremblez à tous les instans. *Dentibus suis fremet et tabescet.*

LA MORT DU PÉCHEUR.

Le voilà donc, ce pécheur, tel que nous l'avons représenté, qui a vécu dans le péché, qui a différé de jour en jour de se convertir, qui s'est toujours flatté de se convertir à la mort : le voilà frappé d'une maladie dangereuse! Les premiers jours on se rassure; on dit : Ce ne sera rien. Cependant le mal augmente, devient sérieux. Que fait-on alors? Médecins consultés, remèdes, tout est employé en faveur du corps : mais que fait-on pour l'âme? Il n'est pas encore temps; rien ne presse; il ne faut pas effrayer le malade; attendons demain : si le mal augmente, on l'avertira. Il augmente en effet, et la maladie est enfin déclarée mortelle : on commence à se regarder dans la maison; la tristesse est peinte sur les visages; on se parle tout bas; on se cache du malade, on se trouble, on ne sait comment s'y prendre pour l'avertir. Fausse tendresse! funeste ménagement!

Enfin le malade est à l'extrémité; une faiblesse, un accablement le saisit; sans connaissance, sans parole, sans sentiment; un confesseur, s'écrie-t-on tout alarmé, un confesseur! on s'empresse; mais ô Providence! ô justice redoutable! le ministre du Seigneur ne se trouve point; on cherche, on attend; en attendant le malade meurt : *in peccato vestro moriemini.* Quelle mort! peut-on y penser sans frémir?

Vous ne savez si ce sera en la ville ou aux champs; si, dans le lit ou sur le pavé; sur la terre ou dans les eaux; la nuit ou le jour; dans la vieillesse ou dans la jeunesse; dans un an, dans un mois; si, demain ou aujourd'hui; si, le matin, à midi ou au soir. Hé! combien y en a-t-il qui, pendant que vous lisez ces lignes, meurent en des temps imprévus, et en des lieux auxquels ils n'avaient jamais pensé! Combien de Rois, qui sont les maîtres souverains de la vie de leurs sujets, ont été mis à mort, et condamnés à des supplices infâmes par leurs sujets mêmes! Combien de princes, qui ne devaient finir leurs jours que dans la pourpre, ou dans les trophées de l'honneur et de la gloire, ont terminé leur vie sur des échafauds honteux! Combien de vieillards sortent de cette vie avec plus de douleurs, de langueurs et de violences, que ceux qui meurent à la fleur de leur âge! Et combien de jeunes gens meurent cent fois plutôt que les vieux! Le dévot Saint Bernard: Ô âme fidèle! quel jour sera celui où tu t'en iras seule en une région étrangère? Quelle route nouvelle et inconnue, où les démons horribles et furieux t'assailleront et te livreront mille combats? Qui aura soin de toi? Qui te défendra ou te délivrera de ces lions enragés, et tout près à te dévorer? Rien que tes bonnes œuvres, rien que l'innocence de ta vie. Diriez-vous que le soleil, qui est le père de la vie, a causé la mort à plusieurs personnes. Manassès, mari de Judith, revenant d'un champ voir ses gens qui coupaient le bled, sentit un rayon de soleil plus fort que de coutume, et il en mourut. César était si sensible aux rayons de ce bel astre, qu'il ne pouvait les souffrir. Charles VI (*), Roi de France, en fut aussi la victime en perdant l'esprit. Combien y a-

---

(*) C'est pour ce Roi que les cartes à jouer furent inventées pour le distraire dans ses momens d'absence.

t-il d'herbes au monde, de métaux, d'animaux, qui n'ont point d'autres propriétés que de faire mourir? Les hommes mêmes, combien ont-ils inventé d'armes, de massues, de coutelas, de flèches, de bayonnettes, de canons, de mousquets, de fusils, et de mille sortes d'instrumens? Combien la justice a-t-elle de gibets, d'échafauds, pour cette seule et unique fin?

L'insensé qui frissonne à l'aspect du trépas,
Interroge son cœur, et se dit : Dieu n'est pas.

Le temps, qui est le prix de l'éternité, en est aussi le chemin. Chaque année en est un degré. On se souhaite des années pour s'y préparer, parce qu'on n'est pas certain du bonheur qu'on espère; il vaut mieux bien user du temps que de souhaiter des années.

Ce peu de temps qui fuit d'un cours imperceptible,
Et qui ne m'est donné qu'afin de me sauver,
Tôt ou tard, par ma mort, doit enfin s'achever;
Et de mes jours comptés, le terme est infaillible.
D'être surpris coupable, en ce moment terrible,
Et de laisser à Dieu de quoi me réprouver,
Dans quel affreux malheur serait-ce me trouver?
Et toutefois hélas! ce malheur est possible.
Ce malheur est possible! et je chante, et je ris!
Et des objets mortels mon cœur se sent épris!
Dans quel sommeil mon âme est-elle ensevelie?
Que fais-je? qu'ai-je fait du temps que j'ai passé?
Ah! mon amusement, me convainc de folie,
Vivre, sans vivre en saint, c'est vivre en insensé.

L'acte le plus parfait de notre foi et de notre piété envers Jésus-Christ est de nous résigner par avance à tout ce qu'il ordonnera de notre vie et de notre mort : faites-vous des trésors dans le ciel, où les vers et la rouille ne peuvent les consumer; et les voleurs ni les fouiller ni les dérober; car où est votre trésor, là est aussi votre cœur. *Mors peccatorum pessima.*

Celui qui dit, j'aime Dieu, et hait son frère, est un menteur; car comment celui qui n'aime pas son frère qu'il voit, peut-il aimer Dieu qu'il ne voit pas? Il n'y a que Dieu seul qui puisse être véritablement notre joie, notre paix, notre couronne et la fin de nos peines.

Des liens de la mort, dégage-toi, mon âme;
Avec le Rédempteur, monte au séjour des cieux.
Que son exemple, ici, chrétiens, tous nous enflâme,
Bénissons du trépas le vainqueur glorieux.

Le ciel, qu'il a formé, sera notre domaine,
Il nous y recevra, si nous vivons pour lui,
Mais la mort du péché nous tiendra sous sa chaîne,
Si nous ne pensons pas qu'il mourut pour autrui.

Quel exemple! chrétiens, qui transgressez ses loix;
Ingrats, c'est pour vous seuls qu'il meurt sur une croix,
Pour vous, sans cesse, à vos desirs livrés,
Du plaisir, qui vous perd, vous êtes enivrés :
De votre Rédempteur la carrière est remplie,
C'est au prix de la mort qu'il nous rend à la vie.

Prends garde que la lumière qui est en toi ne soit que ténèbres. *S. Luc.*

Ne nous flattons donc point, voyons sans indulgence,
  L'état de notre conscience.

Le monde, avec lenteur, marche vers la sagesse,
Et la nuit des erreurs régne encor sur Lutèce.

Providence de Dieu, consolation des l'âme pélerine, espérance du pécheur délaissé, calme dans les tempêtes; Providence de Dieu, repos du cœur, ayez pitié de nous.

  Peuples, élevez vos concerts,
Poussez des cris de joie et des chants de victoire;

Voici le Roi de l'univers,
Qui vient faire éclater son triomphe et sa gloire.
Venez donc, en ce jour,
Signaler, dans vos cœurs, l'humble reconnaissance,
Et, par respect, pleins d'amour,
Sanctifiez en lui votre reconnaissance.

Grands du monde, abaissez vos regards sur lui;
Immolez votre orgueil à son humilité;
Remplir tous ses devoirs, sous le joug asservi,
Vivre et mourir pour Dieu, voilà sa vanité;
Oubliant ses grandeurs, le monde et ses chimères,
C'est au ciel, qu'en souffrant, il offre tous ses vœux,
Et les croix d'ici-bas, à ses yeux, trop légères,
Auprès de Jésus-Christ marquent sa place aux cieux.

Sonnet en bouts de rime, sur la mort.

Que voit-on ici bas? erreur, haine,   *Cabale.*
Aux vices les plus noirs nous payons tous   *Tribut.*
La vie, en vains projets, se consume et s'   *Exhale.*
On n'y néglige rien, si ce n'est son   *Salut.*
Voyez l'ambitieux, comme un nouveau   *Dédale,*
Tout tenter, tout mouvoir, pour venir à son   *But,*
Il sait mettre à profit jusqu'au moindre   *Intervalle;*
Mais il ne pense à Dieu, non plus qu'à   *Belzébut.*
L'avare, comme lui, croit tout un   *Paradoxe,*
Sa foi, sa loi, son soin, c'est à chaque   *Equinoxe*
De renfler son calcul d'un nouveau   *Numéro.*
Dieu rit d'un tel projet; la mort vient à la   *Sape,*
Songez qu'en cet instant, le monarque et le   *Pape,*
Quand ils ont mal vécu, ne sont plus que   *Zéro.*

Autre Sonnet sur le même sujet.

Contre la Parque, en vain tout le monde   *Cabale,*
A la faux, en naissant, chacun doit un   *Tribut;*
Mais contre cette loi, lorsqu'en plainte on s'   *Exhale,*
Le soin le moins pressant est celui du   *Salut.*
Aussi vains en projets que le fils de   *Dédale,*
La folle ambition, des mortels est le   *But;*
Sans penser qu'un moment peut remplir l'   *Intervale*
Que le Ciel avait mis entr'eux et   *Belzébuth.*

Esprits forts, vous traitez ceci de   *Paradoxe* ;
C'est un point, cependant, plus sûr que l'   *Equinoxe*.
De vos lâches forfaits, Dieu sait le   *Numéro*,
La mort vient à grands pas, je la vois qui nous   *Sape*;
Avare, ambitieux, prince, roi, prélat,   *Pape*,
La voici, qu'êtes vous ? Hélas ! moins qu'un   *Zéro*.

Oraison pour s'empêcher de murmurer contre les décrets de Dieu, ou contre

Ce monstre sans raison, sans oreilles, sans yeux,
    Qui désole ces lieux ;
Qui, de sa noire faux, également moissonne,
Et le mûr, et le verd, sans épargner personne.
De murmurer contre elle, ou perdre patience
    Il est mal à propos.
Vouloir ce que Dieu veut, est la seule science
    Qui nous met en repos.

Hélas ! le grand Montmorency n'est plus qu'un peu de cendre ; mais sa piété nous a laissé de plus solides consolations. Nous espérons que les morts ressusciteront du sein de la poussière, et qu'ensuite ils seront immortels comme des dieux.

LE PARADIS.

Ce que c'est que le paradis ? C'est l'assemblage de tous les biens sans mélange d'aucun mal, le chef-d'œuvre de la toute-puissance de Dieu, le prix du sang de Jésus-Christ, en un mot le bonheur de Dieu même. Ainsi imaginez-vous tout ce qu'il y a de beau, de grand, de magnifique ; joignez ensemble tous les biens imaginables ; tout cela n'est rien en comparaison du bonheur dont les saints jouissent dans le ciel, puisque, comme dit l'apôtre S. Paul : « L'œil n'a jamais vu, l'oreille n'a jamais entendu, et l'esprit de l'homme ne saurait comprendre le bonheur que Dieu a préparé à ceux qui l'aiment. »

L'ENFER.

L'exemple du mauvais riche dont il est parlé dans l'Ecriture sainte, est une preuve incontestable de tout ce j'ai avancé jusqu'ici. Depuis plus de dix-huit cents ans que ce malheureux réprouvé brûle dans les enfers, il demande une goutte d'eau pour rafraîchir sa langue, sans avoir encore pu l'obtenir. Il ne demande pas qu'on le délivre de ses peines, ni qu'on en abrège la durée; il demande seulement que le Lazare trempe le bout de son doigt dans l'eau, pour en faire tomber une goutte sur sa langue. Qu'est-ce qu'une goutte d'eau pour éteindre une soif si brûlante? Ce n'est rien, et cependant ce petit rafraîchissement lui est refusé depuis tant de siècles, et lui sera refusé pendant toute l'éternité.

EXEMPLE.

Un père qui donnait de mauvais exemples à ses enfans, mais qui voulait pourtant les bien élever, demandait à un de ses amis, recommandable par ses lumières et par sa sagesse, les moyens qu'il devait prendre pour les former à la vertu. *Je n'en connais qu'un*, lui répondit-il, *c'est de leur en donner l'exemple Les enfans oublient pour l'ordinaire ce qu'on leur dit; mais ils font toujours ce qu'ils voient faire.*

Dieu nous a donné ce que nous n'avons point mérité; si nous usons bien de ses dons, il nous récompensera au-delà de nos mérites.

Pourrions-nous douter qu'un Dieu juste, puissant et bon, ne nous tienne un compte exact de tout ce que nous avons fait, et de ce que nous avons souffert pour nous conformer à son ordre divin? Toute l'harmonie de l'univers conspire à nous prouver que la justice est un attribut de Dieu, ni plus ni moins que la puissance, la sagesse et la bonté.

La rétribution divine n'est pas toujours prompte

ni visible ; mais elle n'est ni moins certaine, ni moins complète. L'homme pervers se flatterait vainement d'être quitte de tout en mourant ; le tissu de notre corps sera détruit par la mort ; mais la substance spirituelle qui l'anime restera éternellement sous la main de Dieu.

Que cette attente d'une vie future est consolante pour l'homme juste et vertueux ! Quand l'immortalité de nos âmes ne serait qu'une opinion probable, elle n'en devrait pas être moins chère à tout cœur pur et droit.

Faisons le bien sans appréhender de faire des ingrats. Dieu nous rendra au double le bien que nous aurons fait à nos frères ; il nous rendra au centuple celui que nous aurons fait à nos ennemis.

La considération publique, la reconnaissance et les services réciproques des autres hommes, sont le premier prix des services qu'on leur a rendus. Mais quand vous n'éprouveriez que de l'ingratitude de leur part, le seul suffrage d'une bonne conscience vous fera jouir intérieurement d'une satisfaction délicieuse, que nulle puissance humaine ne saurait vous ravir.

Oubliez les injures, et n'oubliez jamais les bienfaits. Il est un tribunal institué par les lois immuables de la nature, tribunal révéré des grands et des petits, des rois et des peuples ; c'est celui des gens de bien, de tous les lieux et de tous les temps, qui vengent le faible opprimé par le tendre intérêt qu'ils prennent à son sort, et punissent l'injuste oppresseur par l'opprobre ineffaçable qu'ils attachent à son triomphe.

Songez à quoi vous vous exposez quand vous maltraitez votre frère. S'il vous rend le mal au quadruple, à qui en porterez-vous vos plaintes ? S'il ne se venge pas, craignez que Dieu ne le venge.

Enfin si votre frère vous rend le bien pour le mal, vous serez couvert d'opprobe, ou consumé de regrets.

La conscience est un flambeau inextinguible, qui échauffe les bons, et brûle les méchans, en éclairant également les uns et les autres. L'athée s'efforce vainement d'étouffer ce flambeau divin, qu'il ne saurait méconnaître sans impudence, ni reconnaître sans confusion.

Le sens du mot *Charité* ayant été altéré peu-à-peu, on y a substitué de nos jours le terme *bienfaisance*. C'est l'abbé de Saint-Pierre qui l'a proféré le premier de l'abondance du cœur ; *et l'univers entier doit en chérir l'idée.*

On distingue trois sortes de délits ; les péchés, les crimes et les vices : toute infraction de l'ordre divin est un péché : lorsque cette infraction de l'ordre est au détriment de notre prochain, on l'appelle crime : lorsque ce désordre n'est relatif qu'à nous-mêmes, on l'appelle vice.

La peine doit dériver de la nature même du délit. Le vice est puni par la honte ; le crime par les supplices ; la punition du péché est réservée à Dieu.

Nos livres divins nous apprennent que l'âme de l'homme est un esprit. *Souvenez-vous de votre créateur dès votre jeunesse, et n'attendez pas ces tristes jours où tout finira pour vous, et où votre corps retournera dans la terre dont il a été formé, et votre esprit à Dieu qui l'a créé.* Les Evangélistes et Saint Paul répètent mille fois cette même vérité.

Le démon souhaite toujours de nous nuire ; mais il ne le souhaite jamais tant qu'à la fin de la vie.

Nous n'avons pas fait tout ce que nous voyons autour de nous ; à peine connaissons-nous ce dont nous jouissons. Eh! nous connaissons-nous beaucoup mieux nous-mêmes ? nous ne pouvons nous rendre raison, ni de notre organisation corporelle, ni dans nos facultés intellectuelles ; nous pouvons encore moins concevoir le lien qui les assemble. Nous ne nous sommes donc pas faits nous-mêmes; nous tenons, sans doute, notre existence d'un être fort supérieur ; cet être suprême, je l'appelle Dieu.

Que les lois de la nature sont simples, et que de grandeur dans cette simplicité ! Dieu a pourvu à notre conservation, en nous rendant notre existence agréable, et en nous donnant des facultés et nous fournissant des moyens propres à l'entretenir : en quoi sa sagesse et sa bonté n'éclatent pas moins que sa puissance.

Nous devons tout à Dieu. Nos devoirs envers lui n'ont d'autres bornes que celles qu'il lui a plu de mettre à notre nature, aux forces de notre corps, et aux facultés de notre âme.

Nous avons, par la grâce de Dieu, un droit direct et inaliénable à notre propre conservation. Nous avons un droit incontestable à l'exercice des facultés dont le créateur suprême nous a doués, et à l'usage des moyens qu'il nous a fournis de pourvoir à notre subsistance.

Diverses peines ont été instituées par notre divin créateur, pour nous avertir de nos divers besoins. Et réciproquement tous nos différens devoirs acquittés, sont autant de sources de nouveaux plaisirs pour nous. Dieu soit loué de tout, en tout, et par tout.

Sic, virtus et victa placet.

ÉLOGE DU CHEVALIER D'ASSAS.

Une nuit, les Français, tranquilles dans leur camp,
Reposaient sur les soins de leur chef vigilant.

D'Assas veillait pour tous à la garde avancée,
D'un bruit sourd, tout-à-coup, son oreille est frappée;
Craignant quelque surprise, il y porte ses pas..
Il demande : Qui vive ! On ne lui répond pas.
Intrépide, il avance, aussitôt on l'arrête.
Si tu parles, tu meurs ! Mais sa réponse est prête.
Auvergne ! à moi ! tirez ! ce sont les ennemis.
Il meurt victorieux, le camp n'est point surpris. (*)

  Bayard, dit le *Chevalier Bayard, sans peur et sans reproche*, issu de l'ancienne famille des Ducs de Féraille, en Bourgogne, recommandable par nombre d'actions mémorables, et plus encore par la droiture de son cœur magnanime. Il joignit à la valeur du grand capitaine, la vertu qui fait le vrai héros. Sa vie a été un exemple continuel de bienfaisance et de modération, dans ces temps malheureux de carnage qui désolèrent si long-temps l'Europe. Il fut blessé à mort au combat de Rebec, proche Milan, le 3 avril de l'année 1524, âgé de 48 ans, dont il en avait passé 32 au service de sa patrie, sous les Rois Charles VIII, Louis XII et François 1er.; son corps repose dans l'église des Minimes, près Grenoble.

France, tes ennemis tremblent à son approche,
Le seul nom de Bayard enflamme tes guerriers;
Jamais l'ambition ne flétrit ses lauriers :
Il vécut sans peur, il est mort sans reproche.
De quel courage héroïque nos illustres grenadiers,
Dans les champs de la Belgique, se montrent héritiers.
  Le Français, sans rien entendre,
  Bravant l'orgueilleux Breton,
  Meurt plutôt que de se rendre. (**)

(*) Un Français meurt et ne se rend pas.
(**)   Au pied de cet arbre repose
  La cendre d'un homme de bien ;
  Mais il ne fut pas autre chose,
  En ce monde c'est n'être rien.

Pendant vingt ans leur pavillon,
Vingt fois chez vingt peuples divers,
Porta l'alarme.
Quel bon Français peut refuser des larmes,
À ces guerriers qu'admire l'univers?

Mais cessons d'injurier le ciel et la nature,
Et quand l'homme a vécu pour la race future,
Croyons que de sa gloire il va jouir en paix;
Pour la postérité les grands hommes sont faits.
Ils ont semé pour elle, et chez elle ils recueillent;
Comme leurs bienfaiteurs les siècles les accueillent,
Et présens d'âge en âge à ce beau souvenir,
Leur espace est le monde, et leur temps l'avenir,

La valeur récompensée à la prise de La Grenade, le 4 juillet 1779.

D'Estaing jusqu'au morne, à peine est parvenu,
Qu'il voit, avec la nuit, fuir l'ennemi vaincu.
Il avance en héros que la gloire environne,
En vain, à ses côtés, la mort passe et moissonne;
Tranquille à son aspect, il a partout les yeux.
Quelques Anglais encor combattaient en ces lieux,
Pour reprendre un drapeau que leur saisit DeVence,
Honradour seul, contre eux, entreprend sa défense.
Il frappe, et de leurs bras arrache ce guerrier:
D'Estaing le voit, l'accueille et le fait officier.

Turenne, ce grand capitaine, fut tué en 1765 d'un coup de canon, près de Salbach, dans la principauté de Bade. Son corps fut porté à Saint Denis, où on lui éleva un mausolée magnifique. La France a respiré à l'ombre de ses lauriers.

Jean Bart, né à Dunkerque en 1650, mort en 1702.

Du grand Louis, Jean Bart étendit la puissance,
L'empire de Thétis admira sa valeur,
Et toujours ce soutien du pavillon de France,
Sera de nos marins le modèle et l'honneur.

Lorsqu'on vint apporter le bâton de Maréchal de France à M. Castelnau, six heures avant sa mort, il répondit: *Cela est beau en ce monde;*

mais je vais dans un pays où cela ne me servira guères. C'est ce que tout chrétien devrait se dire à la vue de tout ce qui peut flatter son orgueil et sa vanité.

Jean Sobieski, roi de Pologne, avant d'attaquer les Turcs qui assiégeaient Vienne en 1683, avec une armée formidable, assista au saint sacrifice de la messe, agenouillé au pied de l'autel, les bras étendus en croix : il y communia avec toute l'armée, reçut la bénédiction, donnée au nom du Pape, puis dit à haute voix : *Allons maintenant, marchons avec assurance, Dieu sera notre défenseur.*

Henri de la Roche Jacquelin : *Si j'avance, suivez-moi; Si je recule, tuez-moi; Si je meurs, vengez-moi,*

Virtus omni obici major.

Quand une armée en bataille s'avancerait contre moi, mon cœur ne craint rien.

Causâ defendendi Regemque Patriam periit.

PATER. AVE.

Vos noms, toujours fameux, vivront dans la mémoire,
Et qui meurt pour son Roi, meurt toujours avec gloire.

Tous ces grands hommes sont morts; toi qui vis, tu mourras aussi, ce jour terrible approche, et tu n'y penses pas, songe à ce que tu seras un jour.

Dixit insipiens in corde suo non est Deus.

Traits de bonté et d'humanité à la louange et glorieuse Mémoire du vertueux Roi Louis XVI.

Il naquit à Versailles le 23 août 1754, et mourut à Paris le 21 janvier 1793.

A son avénement au trône, Louis XVI fit remise du droit appelé *joyeux avénement.* Les commencemens de son règne furent comparés à l'aurore d'un beau jour. Au mois de juin 1774, on trouva au pied de la statue de Henri IV, ce mot, RESURREXIT, *il est résuscité.* Allusion qui annonçait les espérances que la nation fondait sur ce monarque.

A Dieu ne plaise qu'un seul homme périsse jamais pour ma querelle ; ce dernier mot devint la base continuelle de sa conduite, de sa généreuse faiblesse, et de tous ses malheurs.

L'économie du Monarque servit d'exemple et devint extrême. On lui représenta qu'il la poussait trop loin. *Que m'importe l'éclat et le luxe,* s'écria-t-il, *de vaines dépenses ne sont pas le bonheur!* Instruit de l'usure qui dévorait la capitale, il voulut en arrêter les cruels résultats et établit un Mont-de-Piété, qui, pour un modique intérêt, présenta aux indigens des ressources qu'ils ne trouvaient qu'à force de sacrifices. Il créa une caisse d'escompte, afin de faciliter les opérations du commerce ; supprima le régime désastreux des corvées, qui arrachait l'agriculteur à ses importans travaux. La servitude personnelle dans les domaines du Roi fut abolie. On adoucit le code criminelle : la torture, née dans les cachots de l'inquisition, prodiguant les tourmens et la douleur, dans l'espoir de trouver des coupables, disparut de la législation criminelle, et cessa de la déshonorer. L'affreux système de punir de mort les déserteurs, répugnant à la bonté de son cœur, fit place à une peine moins rigide.

Quel jour heureux que celui, où plongé depuis plusieurs années dans l'horreur d'un cachot profond et fermé à la lumière, un captif entend tout-à-coup une voix qui lui crie : Tu touches au terme de tes maux, on va te rendre à la clarté du jour; ton sort, pire que celui des plus vils animaux, est changé; la naissance d'un Dauphin te relève à la condition des autres hommes!

Ce jour si desiré est arrivé pour plusieurs prisonniers qui dépérissaient de douleur et d'ennui dans une affreuse captivité. Une commission de grâce, instituée par un souverain, qui réunit le titre de bon à celui de juste, a paru au milieu des criminels, comme une source d'indulgence et de miséricorde.

On peut le dire à la gloire de l'auguste chef de cette commission, et des magistrats qui la composent, jamais l'humanité, la bienfaisance ne se montrèrent plus actives, plus infatigables; jamais elles ne dévorèrent avec héroïsme plus de dégoûts. On l'a déjà publié, et je me plais à le répéter, pour l'honneur de la religion et de l'humanité, un prince revêtu de la pourpre, le *Grand Aumônier* de Louis XVI, n'a pas dédaigné de pénétrer dans les sombres cachots de nos prisons, de descendre à la lueur des flambeaux, dans les plus obscurs souterreins de *Bicêtre*, de faire passer sous ses yeux cette troupe hideuse d'accusés, de coupables de tout genre, de toute espèce, de les interroger avec bonté, de s'enquérir des causes de leur détention, de recueillir leurs plaintes, d'en peser, d'en vérifier les motifs.

Il serait bien à desirer qu'une semblable commission, si sagement établie, prolongeât ses heureuses fonctions, jetât ses regards sur tous les abus qui lui sont dénoncés, ne se lassât point d'entendre les prières des misérables qui l'implorent. Elle serait, sans doute, bien des fois importunée par des hommes souillés de vices, de crimes et d'impuretés, par des coupables qui semblent être organisés pour le vol, pour l'injustice, et qu'il serait par cette raison dangereux de faire rentrer dans la société, sans au moins apporter quelques entraves à leurs facultés. Mais aussi la voix plaintive d'un malheureux, d'un opprimé qui ne demande que justice et protection, se mêlerait quelquefois aux vaines clameurs des criminels ; et alors quel dédomagement pour de dignes Magistrats, que le sentiment intérieur d'avoir tiré de l'abîme des souffrances et de l'humiliation un honnête citoyen, victime de l'erreur ou de la calomnie.

C'est encore une belle tâche à remplir, que celle d'attirer le pardon du souverain sur des coupables qui ont expié leurs fautes par la longueur ou la rigueur de leur détention. Mais il est un bien plus durable, plus étendu, qui peut naître de la création de cette commission, et lui mériter à jamais la reconnaissance de tous ceux que le malheur ou une rigoureuse équité amèneront dans cette maison de force, qui est, tout-à-la-fois, l'asyle de la misère, du délire et du vice.

Louis XVI, alors âgé de vingt ans, dit à la fin du premier carême qu'il avait passé sur le trône : Je me suis tiré de celui-ci sans peine ; mais j'aurai un peu plus de mérite le carême prochain. En quoi donc, Sire ? lui dit un Courtisan. C'est, lui dit le Roi, parce que je n'ai eu cette année que le mérite de l'abstinence ; j'aurai de plus celui du jeûne le carême prochain, puisque j'aurai atteint vingt et un ans. — Le jeûne, Sire, est incompatible avec vos occupations et vos exercices. Après le travail, vous allez à la chasse, et comment pourriez-vous jeûner sans altérer votre santé. — La chasse est pour moi un délassement ; mais je changerai de récréation s'il le faut, car le plaisir doit céder au devoir.

Ce Monarque avait toujours l'air riant et agréable. (*) Il entendit un jour plusieurs seigneurs qui disaient autour de lui : Le Roi part demain pour Choisy. Sa Majesté dit en souriant à son capitaine des gardes : Tout le monde veut savoir mieux que moi mes propres actions ; on prétend que je vais demain à Choisy, et je n'en sais encore rien moi-même.

Le Roi parcourait souvent la galerie et les appartemens du château de Versailles sans suite et sans gardes. Ce Souverain avait même coutume de sortir quelquefois dans l'après-dînée, suivi de son premier valet-de-chambre, et montait jusqu'à des quatrièmes étages chercher et secourir des familles infortunées, qui étaient bien loin de se douter du rang suprême de leur bienfaiteur. Un garde-du-corps voyant sortir un jour Louis XVI seul, le suivit de loin. D'autres se joignirent à lui ainsi que plusieurs seigneurs; et dans la crainte qu'il ne lui arrivât quelque accident, ils l'attendirent à la porte de la maison obscure où ils le virent entrer. Le Roi en sortant fut entouré d'une partie de sa cour. *Parbleu, messieurs,* s'écria-t-il d'un ton enjoué: *il est bien singulier que je ne puisse aller en bonne-fortune, sans que tout le monde le sache,*

La durée d'un hiver rigoureux et le débordement des fleuves, avaient occasionné de grands dégâts dans les campagnes. Le Roi accorda une somme de trois millions pour être répartie sur les laboureurs les plus malheureux, et trois autres millions pour distribuer des bestiaux, des denrées et des instrumens d'agriculture. Cette sollicitude paternelle, il la montra encore dans le rigoureux

---

(*) L'homme heureux qui toujours rit; ne fait jamais pleurer personne.

hiver de 1788, et le trait que je vais citer en est la preuve. M. Jacob, Curé de la paroisse Notre-Dame de Versailles, ayant épuisé tous les fonds destinés aux aumônes, et se voyant entouré, soir et matin, d'une multitude de pauvres qui lui demandaient du pain, prit le parti de recourir à la bonté du roi pour se procurer dequoi leur en donner. Le Roi fut surpris de le voir. Il faut, lui dit-il, M. le Curé, qu'il y ait quelque chose d'extraordinaire, car je n'ai pas coutume de vous voir à tel jour que celui-ci? Sire, répondit M. Jacob, ce sont les besoins des pauvres qui m'ont fait prendre la liberté de venir implorer le secours de Votre Majesté. Vous avez bien fait, reprit le Roi, rien n'est plus juste que de soulager les malheureux, et je me ferai toujours un plaisir de contribuer à leur soulagement. Aussitôt il ordonna de donner cent louis à M. le Curé, lui recommandant de revenir dès que cette somme serait épuisée. M. le Curé trouva la même charité dans toute 'a Famille Royale, et il rapporta quatre cents louis au château.

La main la plus belle est celle qui répand le plus de bienfaits. Un jour, une députation de Bretagne, admise à son audience, s'étant mise à ses genoux, il s'empressa de les relever, en leur disant ces mots dignes de *Titus* : Levez-vous, ce n'est point à mes pieds qu'est la place de mes enfans.

On disait à Louis XVI que la plus grande partie du peuple en France, ainsi qu'en Angleterre, semblait s'ennuyer de la paix et desirer la guerre.—Le temps propre aux opérations de la guerre, répondit le Roi, ne convient pas à mes sujets : au printemps ils ensemencent; ils cultivent pendant l'été; en automne ils recueillent pour eux et pour moi.

Louis XVI, alors Dauphin, suivait en carrosse, le

feu Roi à une partie de chasse. La voiture du jeune Prince était fort éloignée des chasseurs, lorsque tout-à-coup on entendit sonner la mort du cerf. On pouvait abréger le chemin en passant au travers d'un champ couvert de bled presque mûr. Le cocher, croyant bien faire, entra dans le champ : le Dauphin s'apercevant du dommage qu'allait causer son carrosse, se précipita à la portière : Arrête, lui dit-il, ne sais-tu pas que ce bled ne nous appartient pas ? il ne nous est pas permis de le fouler; l'endommager serait manquer au ciel, outrager la nature et les hommes.

Le travail et la frugalité procurent des richesses. Le riche laborieux est un citoyen bien respectable. La richesse procure de la considération. *Un laboureur sur ses pieds est plus grand qu'un gentilhomme à genoux.* Plus sage que moi l'a dit avant moi.

Pendant que Louis XVI déclarait ses intentions au sujet des réjouissances publiques, après l'accouchement de la Reine, cette Princesse instruite des différences qu'a toujours occasionnées à cet égard la naissance d'une Princesse, dit : Et si c'est une fille ? *Il en sera de même, Madame,* répondit le Roi.

Ce n'est qu'un abrégé des vertueuses qualités de ce saint Roi.

Il ne sut qu'aimer, pardonner et mourir,
Il aurait su régner s'il avait su punir.

La terre n'était pas digne de porter un si bon Prince, il est dans le ciel. Louis a prié, Dieu a pardonné.

Sous le fer des bourreaux il pria pour la France et pardonna le crime avant le repentir.

A peine de janvier la vingtième journée
Venait de s'éloigner du cercle de l'année:
Il commençait ce jour, où le Roi des Français
Devait, sur l'échafaud, expier ses bienfaits.
Sous un voile de deuil la nature tremblante ;
Des plus vils assassins la rage menaçante ;
Ce lugubre silence, enfant d'un sombre effroi ;
Ce peuple consterné du supplice d'un Roi ;
Tout oppressait mon cœur. (*) Fuyant d'un pas rapide,
Et la cité muette, et le char parricide,
Je porte dans nos champs, que j'aimais à revoir,
Ma douleur impuissante, et mes vœux sans espoir.
    Grand Dieu,
Cet illustre héritier des vertus de ses pères,
Dans un monde pervers, quand ses jours vont finir ;
Récompense un bon prince et couronne un martyr.

MADAME FILLE DE LOUIS XVI.

Pour ma patrie encore il est un temps prospère ;
Dieu bénit les Français en leur rendant un père,
Il rassemble autour d'eux leurs princes dispersés,
Et les vœux de mon cœur sont enfin exaucés.

En héros magnanime usant de la victoire,
Tu conquis, Alexandre, une éternelle gloire;
Tu rends, en même temps, de bons Rois aux Français,
Aux Bourbons leur couronne, au monde entier la paix.

Jeune et digne héritier de l'empire des Czars,
Sur toi le monde entier fixera ses regards.
Quels prodiges nouveaux vont signaler ta course !
Tel que l'astre du nord, le char brillant de l'ourse,
Toujours visible aux yeux de ton climat glacé,
Comme un phare éternel par les Dieux fut placé ;
Ton regard vigilant, du fond du pôle arctique,
Sans cesse éclaira l'horizon politique.
Ta sagesse saura combien est dangereux
Le succès corrupteur d'un attentat heureux;
Oui, tu protégeras ce prince déplorable,
Que relève à tes yeux une chute honorable ;

(*) Chrétien-Guillaume Lamoignon Malsherbes, défenseur du Roi, né le 6 Déc. 1721, mort le 22 avril 1794.

Qui, d'un œil paternel, pleurant des fils ingrats,
L'olive dans la main, en vain leur tend les bras.
Quel malheur plus touchant, quelle cause plus juste,
Réclament les secours de ta puissance auguste ?
Souviens-toi de ton nom : Alexandre autrefois
Fit monter un vieillard sur le trône des Rois :
Sur le front de Louis tu mettras la couronne ;
Le sceptre le plus beau est celui que l'on donne.

(*Delille.*)

C'est au pied de la croix, que, pesant sa couronne,
Louis, d'un cœur sincère, adore en frémissant,
Et le Dieu qui les ôte, et le Dieu qui les donne.
Quelle grandeur prévaut sur son abaissement ?
Chrétiens ! à ce tableau, ranimez votre zèle,
Adorez, comme lui, Jésus mort sur la croix.
Du rédempteur du monde, adorateur fidèle,
Louis au pied *du Christ* est le plus grand des Rois.

Quiconque est un peu instruit de ce que le Roi fait pour son peuple, pensera comme nous.

AU ROI.

Le Français va bénir ton règne paternel,
Entends ses cris, entends l'éloge universel ;
Vois la troupe immortelle, organe de la France,
Dicter pour elle un hymne à la reconnaissance ;
Vois Thémis, dans son temple, étudiant ses lois,
Te donner pour modèle aux véritables Rois ;
Vois l'ombre de Henri s'attendrir à ta vue,
Et tout près de la sienne appeler ta statue.

Les vœux de la Rosière accomplis.

Sa Majesté Louis XVIII tenant, en 1794, sa cour à Blakembourg en Allemagne, fut invité à une fête de la Rosière, et à décerner la couronne à la fille la plus sage du canton ; en la recevant sur sa tête, la jeune personne lui dit, d'un ton qui semblait lui être inspiré : *Mon Prince, Dieu vous la rende!*

SOUS LES TRAITS DE LOUIS JE REVOIS QUATRE HENRI

Grand Dieu, que tes décrets sont incompréhensibles ! Tu permis qu'au milieu de tant de crimes, un rejeton de cette famille infortunée fût conservé; tu voulus augmenter nos regrets, en douant l'illustre fille de Louis XVI de toutes les vertus de son malheureux père. Cette marque de ta bonté est pour nous la preuve la plus convaincante que tu as daigné pardonner. Permets que l'hommage de tous les Français te remercie de tant de bienfaits. Il est enfin rendu à nos vœux, le digne successeur, le digne frère de Louis XVI !

Paix, union, concorde, voilà notre devise : Amour et bonheur, voilà la sienne. Que nos descendans répètent, d'âge en âge : Le plus beau présent du ciel pour un peuple, est un bon Roi.

DIEU, L'HONNEUR ET LE ROI.

Jésus-Christ dit : Tout royaume divisé contre lui-même sera détruit, et toute maison divisée contre elle-même tombera en ruine.

Dieu tout-puissant, embrâsez nos cœurs, conduisez notre langue, purifiez, sur-tout, notre intention, afin que cherchant, avant tout, votre royaume et votre justice, nous arrivions au bonheur éternel.

Les recherches après le bonheur et les moyens d'y parvenir, ne sont pas si nécessaires ni si utiles au genre humain que l'art de se consoler et d'être inébranlable au milieu des afflictions. Le contentement de l'esprit est tout ce que nous pouvons attendre dans ce monde ; si nous voulons aspirer plus haut, il n'y a pour nous que des traverses et des chagrins à essuyer. Nous devrions employer tous nos efforts et toute notre étude à nous rendre tranquilles ici-bas, et heureux dans le siècle à venir.

Il y a peu d'hommes d'un esprit généreux qui

se mettraient en peine de s'élever à de grands emplois, s'ils ne cherchaient plutot à rendre service à leurs amis et aux personnes de mérite, que de se procurer à eux-mêmes des honneurs et des richesses. Les plus beaux revenus d'un emploi, pour un honnête homme, sont les moyens qu'il lui fournit de faire le bien.

La bonne humeur est préférable à la joie; celle-ci n'est qu'un acte de l'esprit, tandis que l'autre en est une habitude; la joie est courte et passagère, au lieu que la bonne humeur est fixe et durable. Les personnes sujettes à la plus profonde mélancholie tombent souvent dans les plus grands transports de joie; mais si la bonne humeur ne donne guère à l'esprit une joie éclatante, elle empêche qu'il ne s'abatte sous le poids du chagrin. La joie ressemble au feu d'un éclair qui s'échappe au travers des nuages sombres et qui brille pour un moment : la bonne humeur entretient dans l'esprit une espèce de lumière qui approche de la clarté du jour, et qui lui donne une sérénité ferme et constante.

On a horreur du crime et non de l'infortune.

La voix de l'univers est-elle un préjugé ?
Pour la Religion tu connais mon respect.
J'ai fait choix d'un mortel dont la douce sagesse,
Ne mettra dans ses soins, l'orgueil ni la rudesse.
Pieux, sans fanatisme, et fait pour s'attirer
Les cœurs que son devoir l'oblige d'éclairer.
Quand des ministres saints tel est le caractère,
La terre est à leurs pieds, les aime, les révère.
Et la Religion qui nous commande à tous,
Au nom du ciel, de nous mettre à genoux.

COMPARAISON DE L'HOMME JUSTE.

Le sage a dit que l'homme est un ver et rien de plus; mais quelle différence de ver à ver! Le ver de terre ne semble qu'un être informe; de quelles facultés jouit-il ? quelles sensations éprouve-t-il ? quelles fonctions exerce-t-il ? Il rampe sans objet, se gorge de limon sans le digérer, meurt, si cela se peut dire, sans avoir vécu, et ne laisse après lui aucune trace de son existence. Le ver à soie est doué d'un appareil merveilleux, d'organes qui se développent successivement, et qui opèrent comme par prestiges chacun tour-à-tour les fonctions les plus singulières. Du suc verdâtre d'une simple feuille, il exprime, par une digestion exquise, une soie plus brillante que l'or, qui se devide par une filière, et dont la finesse est à peine concevable, lui forme un précieux sépulchre ; et lors même qu'il y paraît enseveli pour toujours, on le voit tout-à-coup ressortir et fendre les airs, sous une autre forme, pour recommencer une vie toute nouvelle.

ÉPITAPHE DU BON ROUSSEAU.

Ci-gît l'illustre et malheureux Rousseau,
Le Brabant fut sa tombe, et Paris son berceau.
  Voici l'abrégé de sa vie,
  Qui fut trop longue de moitié :
  Il fut trente ans digne d'envie,
  Et trente ans digne de pitié.
Tantôt il prend en main le sceptre de l'histoire,
Tantôt à la nature il ravit ses secrets.
Mais, plus fier d'un ami que d'un brillant succès,
Il est content de survivre à sa gloire
S'il ne doit point survivre aux heureux qu'il a faits.
Ses écrits seront chers à la race future ;
Il est cher par ses mœurs à la société.
Dès l'enfance il voua son cœur à la nature
  Et sa plume à la vérité.

Jean-Baptiste Rousseau naquit à Paris en 1669 ; son père, cordonnier aisé, n'oublia rien pour lui donner une excellente éducation dans l'Université de Paris ; Rousseau en devint un sujet distingué, et les études qu'il y fit développèrent en lui ces talens supérieurs qui le rendirent dans la suite l'honneur de la nation et l'admiration des savans. Il était décidé que ce grand poète, l'honneur de la France, mourrait exilé. En revenant de Lahaye, il fut attaqué d'apoplexie, dans la barque même qui le conduisait à Anvers; il fut secouru avec soin et transporté quelque temps après à Bruxelles, où il mourut victime de la jalousie. Il revenait secrètement, dans l'espérance de finir ses jours dans sa patrie; mais Dieu en avait décidé autrement. Il est mort le 17 mars 1741, dans de grands sentimens de religion; il a protesté jusqu'au dernier moment, et avant de recevoir le saint *Viatique*, qu'il n'était point l'auteur des couplets, dont on l'avait injustement accusé. On dit le *Grand Rousseau*, comme on dit le *Grand Condé* : ce titre seul est l'éloge le plus complet. Il fut généralement estimé et regretté de tous les gens de bien.

Ceux qui craignent le Seigneur vivront éternellement.

Tout auteur généreux que la sagesse inspira,
Des mœurs et des vertus veut étendre l'empire.

A tous les cœurs bien nés que la patrie est chère !

L'impie Voltaire l'avait condamné au fagot.
(*Extrait des Erreurs de Voltaire.*)

O Soleil ! âme de la nature, Dieu que tu nous manifestes, te précéda dans la nuit des temps, et s'offre aux mondes plus pur que ta lumière.

Lorsqu'un événement funeste livre mon âme à la douleur,
 Pour nous marquer sa vive ardeur ;
 Le bon ami ne fait qu'un geste
 Qui part de la bourse et du cœur.

Un vieil ivrogne ayant trop bu d'un coup,
Même de deux, tomba contre une borne ;
Le choc fut rude, il resta sous le coup,
Presque assommé, l'œil hagard et l'air morne.
Un savetier, de près le regardant,
Tâtait son pouls, et lui tirant la manche,
Las ! ce que c'est que de nous ! cependant,
Voi à l'état où je serai dimanche.

Les mortels sont égaux, ce n'est point la naissance,
C'est la seule vertu qui fait la différence.
Ne crains pas l'avenir ; il n'est rien pour le sage,
Les jours lui sont égaux ; il sait en faire usage.
Choisis, tu peux régler toi-même ton destin,
Le vice et la vertu, mortel, sont en tes mains.

Un esprit oisif est semblable à une terre fort grasse qui n'est pas cultivée, et qui produit une infinité de mauvaises herbes. Celui qui montre souvent sa femme et sa bourse, s'expose à ce qu'on les lui emprunte. L'ignorance vaut mieux qu'un savoir affecté. Celui qui est vertueux ne soupçonne jamais le crime chez les autres. Il faut pardonner pour être pardonné. N'agissez jamais sans consulter votre cœur. N'ayez jamais d'arrières pensées. Souvenez-vous que Dieu nous recommande la charité, et qu'elle sera un trésor que nous posséderons dans le ciel. Les richesses nous attachent à la à la vie ; mais l'humilité nous fait imiter Jésus-Christ.

Beatus qui intelligit super egenum et pauperem.

L'oisiveté est la mère de tous les vices, l'espérance et la patience est la mère de toutes les vertus.

Eprouvons le destin, fatiguons son courroux,
Voyons si le malheur est plus constant que nous.
S'il est quelque joueur qui vive de son gain,
On en voit, tous les jours, mille mourir de faim.

RENOMMÉE OU CRITIQUE.

Cependant cet oiseau qui prône les merveilles,
Ce monstre composé de bouches et d'oreilles,
Qui, sans cesse, volant de climats en climats,
Dit partout ce qu'il sait et ce qu'il ne sait pas.

Heureux, si ses discours, craints du chaste lecteur,
Ne se sentaient des lieux où fréquentait l'auteur.

On sait que dans une âme, où manque la sagesse,
Le bonheur n'est jamais un fruit de la richesse.

Si mon vaisseau, long-temps égaré loin du bord,
Ne se hâtait, enfin, de regagner le port,
Peut-être je peindrais les lieux chéris de Flore.

Pourvu, qu'avec honneur, ces rimes débitées,
Du public dédaigneux ne soit point rebutées;
Si le siecle envieux juge sans équité:
      J'en appelle à toi, juste postérité.

Ainsi qu'à la vertu, l'on accorde au silence
A propos observé, la juste récompense.

C'est porter d'un écrit un jugement très-faux,
Que taire ses beautés, et dire ses défauts.

Si d'un air dédaigneux, méprisant mon cadeau
Sous ombre que ces mets sortent d'une autre table,
Vous donnez le traiteur et le festin au diable,
Je vous dirai d'abord : Parlons raison, tout beau,
Eh bien, figurez-vous que je donne un serdeau
Dont les plats ont orné la table d'un monarque;
Ces restes délicats peuvent vous régaler.
Dans un tôme nouveau, craint-on que je m'embarque?
Non, je n'ai plus de fonds, et je vais détaler.
Ainsi, mon cher lecteur, votre amère critique
Peut s'acharner sur moi, je ferme la boutique.

    L'homme est de glace pour la vérité, il est tout feu pour le mensonge.

    Mais c'est assez, finissons et prions.

    O Dieu! que les péchés offensent, et que les pénitences appaisent, écoutez favorablement les prières de votre serviteur qui est prosterné devant vous, et détournez de dessus ma tête les fléaux de votre colère, que j'ai attirés sur moi par le grand nombre de mes offenses. Seigneur! ne me reprenez pas dans votre fureur, et ne me châtiez pas dans votre colère; ayez pitié de moi parce que je suis faible. Délivrez mon âme, sauvez-moi à cause de votre miséricorde; car nul ne se souvient de vous parmi les morts. Eh! qui vous louera au fond du tombeau? L'indignation et la douleur ont obscurci mes yeux, j'ai vieilli au milieu de tous mes ennemis; retirez-vous de moi, vous tous qui commettez l'iniquité, car le Seigneur a écouté ma prière, il a exaucé mes vœux; que tous mes ennemis rougissent, qu'ils soient saisis de frayeur, qu'ils prennent la fuite, et qu'ils soient couverts de honte.

Heureux tous ceux qui craignent le Seigneur et qui marchent dans ses voies! Vous vous nourrirez du travail de vos mains, en cela vous serez heureux et comblé de biens; votre femme, dans l'intérieur de votre maison, sera comme une vigne fertile et abondante; vos enfans, comme de nouveaux plans d'oliviers, environneront votre table. C'est ainsi que sera béni celui qui craint le Seigneur.

Heureux ceux dont les iniquités sont effacées et dont les péchés sont pardonnés! Heureux l'homme à qui Dieu n'impute point de péchés, et dont l'esprit est exempt de dissimulation. Tant que je ne vous ai point avoué ma faute, j'ai poussé la nuit et le jour des cris dont mes os ont été affaiblis; mon péché me plongeait dans la dernière affliction, c'était pour moi une épine qui me causait les plus cuisantes douleurs. Enfin je vous ai confessé ma faute, et je ne vous ai point caché mon injustice. J'ai dit: il faut que je confesse, contre moi-même, mes offenses au Seigneur, et vous m'avez remis l'impiété de mon crime.

C'est ce qui portera tous les Saints à vous prier dans le temps propre à trouver miséricorde. Et lors même que les grandes eaux déborderont, elles n'arriveront pas jusqu'à eux. Vous êtes mon asile contre les maux qui me pressent. O Dieu ! qui êtes ma joie, délivrez-moi des ennemis qui m'environnent. Je vous donnerai l'intelligence, me dites-vous ; je vous enseignerai le chemin où vous devez marcher ; j'arrêterai mes regards sur vous. Ne devenez pas semblables au cheval et au mulet, animaux sans intelligence ; il faut que vous les reteniez avec le mors et la bride, pour les rendre dociles et empêcher qu'ils n'échappent. Les afflictions préparées au pécheur sont en grand nombre ; mais la miséricorde environnera celui qui espère dans le Seigneur. Justes, réjouissez-vous dans le Seigneur, et tressaillez d'allégresse : glorifiez-vous en lui, vous tous qui avez le cœur droit. Mon dieu, je vous loue ; je vous remercie de toutes les grâces que vous avez bien voulu m'accorder ; conduisez-moi dans les sentiers de la justice, et que je sois soumis aveuglément à votre sainte volonté ; que je supporte, sans murmure, les afflictions qu'il vous plait de m'envoyer.

C'est, mon Dieu, cet exemple si salutaire et si respectable, que nous devons toujours méditer et suivre, pour nous rendre dignes de vos bienfaits; Ouvrez nos yeux, embrâsez nos cœurs, conduisez notre langue, purifiez, sur tout, notre intention, afin que nous cherchions, avant toute chose, votre royaume et votre justice. Ayez pitié de nos consciences qui sont effrayées à la vue de votre colère ; pardonnez à des criminels en faveur de leur avocate. Votre bras n'est pas raccourci, votre oreille n'est pas devenue sourde; trop long-temps, il est vrai, nous avons été des prodigues et des rebelles. Mais, *ô Père des miséricordes ! ô Dieu de toute consolation !* nous voici enfin de retour. Quoique consumés de misère, quoique couverts des haillons du péché, nous sommes toujours vos enfans. Mon Dieu, multipliez en nous les grâces que nous avons reçues de vous. Que la Sainte Vierge Marie et tous les Saints, nous accordent le secours de leurs prières auprès de Dieu, afin que nous soyons saints dans toute la conduite de notre vie, comme celui qui nous a appelés est Saint. *Amen.*

A MADAME,
En lui envoyant un Chapelet.

Dans mon pays, dévotement,
Tout chrétien dit sa Patenôtre ;
Je ne sais pas bien justement,
Si c'est aussi l'usage au vôtre ;
De ce Rosaire, toutefois,
J'ose vous présenter l'hommage.
Vous pouvez n'en point faire usage,
Mais regardez-le quelquefois.

Ami de la vertu, malheureux avec elle,
Je disais : A quoi sert ta droiture et ton zèle ?
    Mais voyant qu'on la couronne,
    Aussitôt je me suis dit :
    A quelque chose elle est bonne;
    Mon Dieu, je vous en remerci. (*Ducis.*)

Exaucez-moi lorsque je vous invoque, ô Dieu de la justice! Souvenez-vous de la promesse que vous avez faite à votre serviteur, promesse qui m'a fait espérer en vous; cette promesse a été ma consolation dans mes maux, et votre parole m'a rendu la vie. Les superbes m'ont traité avec la dernière injustice, sans que je me sois détourné de votre loi. Je me souviens du jugement que vous avez exercé depuis le commencement du monde, et j'y trouve ma consolation. Je suis saisi d'horreur en considérant l'état des méchans qui abandonnent votre loi. Vos oracles me servent de cantiques de réjouissance dans le lieu de mon exil. Seigneur, je me souviens de votre nom durant la nuit, et je garde votre loi. Ces avantages me sont venus de ce que j'observe vos commandemens. J'implore votre assistance de tout mon cœur, ayez pitié de moi selon vos promesses.

Un des plus beaux exemples que l'on puisse proposer aux Chrétiens, est celui de Saint François de Sales. La vie de ce saint-personnage, est en effet une source féconde d'où découlent, avec abondance, de leçons de toute espèce et sur tous les points de la morale et de la religion.

Les vertus n'ont jamais plus d'attraits que lorsqu'elles sont pratiquées par ceux qui les commandent, et de toute encore la charité est celle qui convient le mieux aux ministres de la religion. Dans la personne de leur chef, il semble qu'elle soit un des attributs du souverain pontificat.

Nous craignons devant le monde de trahir en nous le caractère auguste de chrétiens par des actions ou des discours qui, en nous conciliant l'estime des gens de bien, nous attireraient tout au plus les moqueries stériles du petit nombre des mauvais sujets qui veulent paraître tels; et nous ne songeons pas qu'un peu de fermeté et quelques paroles dites à propos suffiraient peut-être pour imposer silence à ces mauvais sujets, et les faire rentrer en eux-mêmes. Tâchons de puiser ce courage sans périls dans des exemples de dévouement qui ont exposé la vie même de leurs auteurs.

Une femme japonaise tenait un rang distingué à la cour d'un roi qui, de protecteur des chrétiens, était devenu leur persécuteur. Tandis que tout le monde niait sa religion pour se soustraire au supplice, cette japonaise se montra en public avec un chapelet au cou. Le roi lui en témoigna sa colère : Seigneur, lui répondit-elle, je suis parée de vos bienfaits ; car ce chapelet est un présent que vous avez daigné me faire, et, de tous vos dons, c'est celui qui me sera toujours le plus pécieux.

HISTOIRE.

Saint Adrien étant encore jeune soldat, à l'âge de dix-huit ans, et voyant avec admiration la constance invincible des martyrs au milieu des tourmens les plus horribles, leur demanda quelles sortes de biens ils espéraient pour tant de souffrances. Ils lui répondirent : « Nous espérons des biens qui surpassent tout ce que l'on peut s'imaginer : voilà ce qui nous encourage et ce qui nous fait endurer avec joie tous les supplices les plus cruels. Cette espérance adoucit tellement la rigueur de nos tourmens, que si nous avions mille vies, nous les donnerions avec plaisir. Les maux que nous souffrons sont passagers, et le bonheur que nous attendons ne finira jamais. » Ce jeune soldat fut si touché de cette réponse, qu'il demanda le baptême, et eut assez de courage pour donner sa vie pour Jésus-Christ.

Le ciel mérite-t-il moins vos soins que ce jeune martyr ? Avez-vous moins d'obligation que lui de travailler à acquérir ce bonheur ? Pouvez-vous espérer d'y arriver dans la même disposition que lui ? que faites-vous pour l'obtenir ?

Saint Jean, par son éloquence, oracle des Chrétiens, Eclaire les Gentils, convertit les Payens.

C'est en vain qu'à Pathmos Domitien l'exile,
Le Saint, dans sa retraite, est utile aux humains,
L'esprit divin l'inspire et remet dans ses mains
La plume à qui l'on doit le don de l'Evangile.

Saint Louis est mort en combattant pour la Religion, tous ceux qui sont morts pour cette cause vivront éternellement. La Reine Blanche de Castille, sa mère, lui dit un jour : Mon fils Dieu m'est témoin que je vous aime plus que moi-même ; mais j'aimerais mieux vous voir mourir, que de vous voir commettre un seul péché mortel.

Le 21 Janvier. Tout bon Français devrait porter en ce jour des habits de deuil : les regards d'un bon Roi dissipent le mal comme le soleil dissippe les nuages.

Le bon Henri avait été élevé dans une honnête simplicité, et méprisa constamment le faste. La famille de ce digne Roi est bénie de Dieu et des hommes. Elle occuppe actuellement trois des plus beaux trônes de l'univers, et fera constamment le bonheur de trois grands peuples. Sous un bon et sage Roi les peuples n'ont pas besoin d'autre place de sûreté que son cœur paternel.

On reprochait un jour à Henri IV qu'il traitait les Ligueurs avec trop de bonté. Il répondit : *Dieu me pardonne, je dois pardonner; il oublie mes fautes, je dois oublier celles de mon peuple. Que ceux qui ont péché se repentent, et qu'on ne m'en parle plus.*

Divine Mère de mon Sauveur, qui, dans le temple de Jérusalem, avez offert à Dieu le père, Jésus-Christ son fils et le vôtre ; je vous offre à vous-même notre Roi ; c'est l'héritier de Clovis, de sainte Clotilde, de Charlemagne, le fils de la pieuse Blanche de Castille, de Saint-Louis, de

Louis XIII, de la vertueuse Marie de Pologne, et du religieux prince Louis, Dauphin, que je vous présente. Ces noms si chers à la religion, n'auront-ils pas auprès de vous la même vertu qu'eurent tant de fois auprès du Dieu d'Israel les noms d'Abraham, d'Isaac, de Jacob, que son peuple ne prononça jamais en vain.

Considérez, *Mère très-pure, Vierge remplie de clémence*, que ce bon Prince n'a jamais été souillé par celui de tous les vices que vous avez le plus détesté ; c'est par vous que ses mœurs sont pures, qu'il aime la droiture, la probité ; et que la bonté de son âme s'est toujours refusée à permettre que l'on répandît le sang d'un seul homme pour mettre sa propre vie à couvert.

Reine du ciel, Reine de l'Eglise catholique, Reine de nos Rois, et de la France, soyez-la de ce monarque. Adoptez-le comme vous adoptâtes au pied de la croix le chaste et bien-aimé disciple de la douceur et de la charité, *et prouvez-lui que vous êtes sa mère*.

O Marie ! si vous êtes pour lui, qui sera contre lui ? Régnez en souveraine sur sa personne, sur son cœur, et sur ses actions. Conservez, prolongez ses jours, et rendez-les heureux. Augmentez et perfectionnez sans cesse ses vertus chrétiennes et ses vertus royales. Sanctifiez surtout ses épreuves et ses sacrifices, et faites-lui mériter une couronne plus brillante et plus solide que les plus belles couronnes de la terre.

J'unis ma prière à celle que vous font en ce jour, dans l'étendue de la France, tous ceux qui craignent le Seigneur, qui sont remplis d'une vive confiance en vous, et qui aiment le Roi. Je joins mes faibles mérites, mes communions et toutes mes œuvres aux leurs, afin de faire une sainte violence à votre cœur maternel, et de la faire par vous à votre divin Fils, Mère de Dieu, vous voyez la droiture de mon cœur et la pureté de mes vœux ; *parlez à Jésus* pour le fils de Saint-Louis et pour son peuple. *A-t-il jamais rien refusé à vos demandes ?*

Puissions-nous reposer à l'ombre de la paix des bienfaits du Très-Haut, jouir en abondance d'une paix et sainte confiance, à des jours heureux qui ne passent jamais.

O mon âme ! attends le Seigneur ; demeure ferme et ne t'abats point ; attends le Seigneur avec confiance. Je m'acquitterai des vœux que j'ai faits au Seigneur en présence de tout son peuple, dans les parvis de la maison du Seigneur ! au milieu de toi, sainte maison de Lorette. Je vous glorifierai, ô mon Dieu et mon Roi ! je publierai votre nom dans la suite de tous les siècles.

OBSERVATIONS
FAITES PENDANT MON VOYAGE.

Ayant voyagé une année entière en Italie, je crois faire plaisir à mes lecteurs en les informant de ce que j'ai vu de plus curieux et de plus remarquable dans cette contrée célèbre. Je les entretiendrai d'abord de ce que j'ai vu dans ce pays de plus remarquable. Il semblerait qu'après avoir vu Rome, rien n'est capable dans aucun endroit de la terre d'exciter la curiosité et de mériter l'attention; en vérité, où trouvera-t-on en architecture un édifice comparable à la basilique de Saint-Pierre? un monument plus majestueux que le Panthéon d'Agrippa, et plus superbe que le Colisée? Où trouver en sculpture tant de chefs-d'œuvre anciens que dans les Musées Pie Clémentin et du Capitole? Où voir d'aussi belles colonnes et d'un si beau travail que celles Trajanne et d'Antonine? La ville de Naples, certainement, n'offre rien dans aucun de ses genres, qui puisse être mis en parallèle avec tout ce que je viens de citer; j'ose néanmoins assurer que cette ville est une des plus belles et des plus agréables que l'on puisse désirer. On ne peut rien imaginer de plus beau et de plus singulier, à tous égards, que le coup-d'œil de Naples, de quel côté qu'on la voie. Cette ville est située au midi et à l'orient sur le penchant d'une coline; c'est pourquoi je ne suis point étonné que le peuple de Naples, enchanté de la situation la plus heureuse, du climat le plus doux, de la fertilité des campagnes, de la beauté des environs, et de la grandeur des édifices, dise dans son langage : *Vede Roma, vede Napolo e po mori*; ce qui signifie que quand on a vu Rome et Naples on a tout vu. On dit communément qu'il y a à Naples, environ quatre cent cinquante mille ames; c'est par conséquent la ville de l'Europe la plus peuplée après Paris et Londres. Parmi ce peuple on compte plus de quarante mille *Lazzaronni*, qui sont la partie la plus indigente, mais la plus déterminée; ils vont dans les rues, en chemise et en culottes, avec un bonnet, sans bas et sans souliers. On compte à Naples environ trois cents églises dont quarante-huit sont paroisses. On y trouve un grand nombre de palais et plusieurs édifices publics. La plus remarquable de ses rues, est celle de Tolède : elle a un mille de longueur, c'est la plus large et la plus droite; elle passe devant le palais de la résidence du roi et se termine au bord de la mer.

Cette ville a été embellie depuis quelques années; les rues de la ville sont pavées de larges dalles qui ressemblent à la lave du Vésuve; la plus grande partie des maisons sont uniformes et presque de la même hauteur, de cinq ou six étages, avec des balcons et des toits plats, en forme de terrasse, sur lesquels on met des pots à fleurs et où l'on va se promener. Dans le jardin royal, on y admire le superbe grouppe, connu sous le nom de taureau Farnèse (*), qui fut trouvé à Rome dans les thermes de Caracalla, sous le pontificat

---

(*) Il est ainsi nommé à cause qu'il a eté pendant long-temps placé dans la cour du palais Farnèse, à Rome. Ce superbe palais appartient au Roi de Naples, et est la résidence de son Ambassadeur.

de Paul III, d'où il a été transporté dans cette ville; ce grouppe est d'un seul bloc de marbre blanc, de neuf pieds huit pouces de longueur, sur autant de largeur, et treize pieds de hauteur: le sujet est une femme attachée par les cheveux aux cornes d'un taureau; mais au moment où il veut prendre sa course, la reine ordonne la délivrance, ses deux fils s'efforcent d'arrêter le furieux animal; ce sont eux qui l'avaient attachée pour venger leur mère de l'affront que son mari lui avait fait à cause de cette femme. On compte de Rome à Naples cinquante-deux lieues. Ces figures, plus grandes que nature, sont placées sur un rocher.

THÉATRE DE SAINT-CHARLES.

C'est le plus remarquable d'Italie par sa grandeur, sa richesse et sa beauté; il y a six étages de loges, qui sont assez grandes pour contenir environ douze personnes; on compte vingt-quatre loges dans le premier rang et vingt-six dans les autres; cette salle est si grande et si haute que l'on perd beaucoup du chant. La ville de Naples était autrefois environnée de très-hautes murailles; enfin la ville s'étant augmentée n'a plus de murs ni de portes; trois forts châteaux peuvent cependant servir à sa défense, ce sont le château de Cœur, le château de l'OEuf, le château Saint-Elme. La Tour, dont on fait une espèce de forteresse, sert moins à défendre la ville qu'à contenir la populace.

Grotte Pausilipe. Cette grotte, qui est creusée dans le rocher de cette montagne, a cinquante pieds de hauteur et trente de largeur, et longue d'à-peu-près un demi-quart de lieue; elle est éclairée jour et nuit par une douzaine de grands réverbères, deux ouvertures ou soupiraux de la voûte y répandent un peu de jour; dans le milieu est une chapelle dédiée à la Vierge. J'ai passé par cette route pour aller à la Grotte du Chien; elle est ainsi nommée à cause de l'animal que l'on choisit pour faire connaître les dangereux effets de sa vapeur. Un chien que l'on prend par les pattes et que l'on soutient couché sur cette vapeur, se débat, s'agite, et périrait s'il y était exposé plus de deux minutes; rendu au grand air, il y reprend aussitôt ses forces. Les oiseaux y succombent encore plus vîte; un coq dont on présente la tête à la vapeur, vomit et expire sur-le-champ; un flambeau allumé s'éteint insensiblement. Cette place a été découverte par des habitans de ce pays qui s'y sont endormis et qui ne se sont plus réveillés; l'épreuve en a été faite sur deux criminels. On y a mis une porte pour éviter les accidens. C'est tout unîment un trou qui est creusé dans la terre au bord d'une montagne, il n'a pas plus de cinq pieds de profondeur et autant de hauteur. Un peu plus loin, il y a des étuves sulfureuses ou bains de vapeur; ils sont salutaires à bien des maladies, principalement pour les paralytiques; il y a des petites chambres pour les différentes sortes de maladies, on les nomme solfatares; plusieurs degrés de chaleur. On croit que le lac Dagnano est le cratère d'un volcan éteint, dans lequel paraît exister encore l'action du feu souterrain, car on le voit quelquefois bouillonner; cependant l'eau n'est pas chaude, et on y pêche de très-bonnes tanches; les eaux de ce lac sont minérales et bonnes pour plusieurs maux.

 Le souvenir des villes d'Herculanum et de Pompeïa qui furent autrefois ensevelies sous les cendres du Mont-Vésuve, et retrouvées vers le commencement du dernier siècle. Les Romains s'établirent sur cette côte deux cents quatre-vingt-treize ans avant l'ère chrétienne, et occupèrent Herculanum ; cette ville était riche et considérable : rien ne démontre mieux la vicissitude et la fragilité des choses humaines, que la vue de ses ruines et de ses rivages remarquables. On parle depuis longtemps du mont Vésuve ; c'est une montagne qui, comme le disait avec vérité un capucin (*) à une dame anglaise, vomit de l'or, par la quantité d'étrangers qu'elle attire ; elle est à trois lieues de Naples et à une lieue de la mer. Il est vrai que les habitans même le compare à l'enfer, car c'est un vrai phénomène de la nature ; les charmes étourdissent ici sur les dangers inévitables dont on est environné ; elle couvre de fleurs les abîmes où la mort fermente sous les pas des Napolitains. Les dangers avertissent l'homme que l'Univers n'est pas fait pour lui seul ; mais la nature lui a fait don de deux préservatifs contre un mal nécessaire, *l'habitude* et *l'espérance*. Le climat de Naples étant fort chaud, on est aussi plus sujet aux insectes. Sur aucun horizon, le soleil ne se montre avec autant d'éclat ; il se lève derrière le *Vésuve*, pour illuminer le côteau riant de *Pausilipe*, et la grotte de Virgile, le sein du plus beau golfe de l'Univers, uni comme un miroir et rempli de bateaux, tous en mouvement ; l'objet qui termine la perspective est l'île *Caprée*, fameuse par la retraite de Tibère, et par les écueils des Sirènes. Ce charmant pays peut être justement regardé comme un paradis terrestre. Chose éton-

---

(*) Il y a un couvent de Capucins à moitié du chemin de la montagne.

nante, le pied de ce mont est fertile en tout, principalement en vins dont on tire celui appelé Lacryma Christi, que les connaisseurs préfèrent au vino-sancto qui se récolte en Toscane, dans les environs de Florence, qui est au nombre des vins exquis qui se servent sur la table des souverains. Enfin, ces riches contrées produisent les fruits les plus délicieux, tels que les olives et les oranges. Ses habitans sont sans cesse environnés de la mort qui menace de les engloutir dans les entrailles de cette terre ; la détonation du Vésuve, quand il est en feu, se fait sentir au loin et inspire de l'effroi; ses laves entraînent tout sur leur passage. Souvent cette montagne est couverte de neige : les habitans font des remarques pour connaître le temps par les nuages qui s'amassent autour. On aperçoit le Vésuve jusqu'à dix-huit lieues de distance ; mais c'est la nuit surtout qu'il présente le tableau le plus imposant et le plus curieux. La figure du Vésuve est pyramidale et sa hauteur est très-considérable : les savans qui l'ont mesurée avec la plus grande exactitude, ont trouvé que son élévation était de 3694 pieds au-dessus du niveau de la mer ; sa circonférence est de dix lieues de France. On croit que la mer s'introduit dans les flancs caverneux de cette montagne, parce que dans certains temps elle vomit des eaux et rejette des coquillages ; le feu pénétrant de toutes parts ces matières, elles fermentent, bouillonnent et cherchent à se dégager du gouffre qui les renferment, et produisent des tremblemens souterrains ; il s'élève dans les airs une fumée noire et épaisse, accompagnée d'odeur de souffre ; cette montagne vomit aussi des pierres d'un poids énorme, qu'elle jette à des hauteurs et des distances considérables.

M. *Burnet*, auteur du livre qui a pour titre : *Telluris Theoria sacra*, croit que c'est de cette montagne, ou de celle du Mont-Etna, ou de quelque autre semblable, que sortira le feu qui doit brûler la terre, à la fin du monde.

Le royaume de Naples et la Sicile seraient, sans contredit, les meilleurs pays du monde sans ces fâcheux inconvéniens ; mais il n'y a pas de plaisir à dormir sur une terre où l'on n'est guères plus en sûreté que dans un vaisseau au milieu des flots, et où l'on craint, à toute heure, qu'elle ne manque sous le pas, ou qu'au lieu d'une pluie agré- il ne pleuve du feu et du souffre.

Le pays est infesté de plusieurs insectes dont quelques-uns même sont venimeux, entr'autres le scorpion et la tarentule, sorte d'araignée, dont la piqûre produit les effets les plus extraordinaires, puisqu'elle guérit au son de la musique quelconque; le malade se met à danser et se livre ensuite au sommeil : il est ainsi guéri (*).

Je n'ai pas vu sans attendrissement la grotte où ont été renfermées, dans un tombeau, les cendres de Virgile.

EPITAPHE DE VIRGILE.

Mantua me genuit, Calabri rapuere, tenet nunc Parthenope : cecini pascua, rura, duces.

C'est-à-dire : Mantoue m'a vu naître, les Calabres m'ont donné la nourriture et Naples la sépulture; j'ai chanté les héros, les champs et les bergers.(**)

(*) Cet insecte tire son nom de la ville de Tarente, auprès de laquelle il se trouve le plus communément.

(**) Toutes les beautés de Naples, et tous les ouvrages merveilleux de la nature et de l'art qui embellissent ce pays, méritent une description plus étendue.

Quittant ce beau pays, digne sous tous les rapports de la recherche des savans de l'antiquité et de nos temps modernes, je reporte mes pas vers Rome, capitale du monde chrétien, la residence ordinaire du souverain Pontife; je fus y visiter les riches monumens que cette cité renferme. Parmi eux, il est à remarquer ceux érigés par des Français (*), entr'autres un superbe obélisque égyptien, surmonté d'une croix, élevé vis-à-vis l'église de la Très-Sainte Trinité, par les soins de Son Eminence Monseigneur le cardinal Jules-Melchior de Polignac, à la mémoire de S. M. Louis XV, monument digne de la munificence de cette illustre famille. Dans l'église Saint-Louis des Français, est un monument élevé par M. P. A. de Châteaubriant à Marie Pauline de Montmorin, femme de François-Christophe de Beaumont, native de Mussy-l'Évêque, en Champagne, morte à Rome, le 4 novembre 1803; après avoir vu périr toute sa famille, père, mère, ses deux frères et sa sœur, Pauline de Montmorin est venue terminer sa carrière sur cette terre étrangère, consumée par une maladie de langueur, suite de ses chagrins (**). Dans la même église, le monument à la mémoire du cardinal de Bernis, ambassadeur de Louis XVI, près du Saint Siége.

Dans l'église de Saint-Laurent, monument à la mémoire d'Albert-Auguste Audrot, élève du Conservatoire de musique de France, et pen-

---

(*) J'ai aussi remarqué le monument élevé à la mémoire du célèbre *Canova*.

(**) Ce superbe monument est en marbre blanc, et orné des portraits de sa famille, avec cette inscription :
Quia non sunt.

sionnaire à l'Ecole des Beaux-Arts de Rome, né à Paris, mort à Rome, le 19 août 1814. Ses amis ont érigé ce monument à sa mémoire, en témoignage de leur attachement et de leurs regrets.

Eglise de Sainte-Marie Inviolata. Les Pensionnaires de l'Académie Royale de France ont consacré ce monument de leur douleur à J.-G. Drouais, peintre, né à Paris, mort à Rome, le 13 février 1788; enlevé aux grandes espérances de sa patrie, et à la tendre amitié de ses jeunes rivaux.

L'Italie est un pays extrêmement fertile en vin; mais tout se consomme dans le pays. La ville de Rome est éloignée de la mer d'environ six lieues; son port le plus proche est la ville d'Hostie. Ses plus belles campagnes sont Tivoli et Frascati, qui sont aussi à peu près à six lieues de distance, mais à l'opposé de la mer; de ce même côté il y a une montagne appelée la Roche du Pape, d'où l'on découvre les deux mers, l'Adriatique et la Méditerranée.

Dans le cimetière de Schœnbrunn, près Vienne, en Autriche : Ci gît le très-haut et puissant seigneur Messire Marie-Jean-Louis comte de Bruges, né à Vallabregue, en France; mort à Vienne, le 31 janvier 1807.

Dernier hommage de la piété filiale.

Au même lieu : Le fidèle Cléry, dernier serviteur de Louis XVI; mort à Vienne, le 27 mai 1809. (*)

L'inscription est datée d'Aix-la-Chapelle, parce que l'auteur, dans son voyage, y a aussi visité les

---

(*) Ce monument, en marbre, est orné d'une inscription en lettres d'or.

églises et les saintes reliques dont cette ville a été enrichie par Charlemagne, l'un des plus grands souverains de la terre. (*)

Voici les noms des principales villes où j'ai passé et séjourné dans ce charmant voyage. Je suis parti de Paris au commencement de l'automne 1816, et je suis rentré à la fin de celui 1817. De Paris à Lyon, Chambéry, Turin, Milan, Gênes, Parme, Plaisance, Modène, Bologne, Florence, Sienne, Rome, Naples. De retour : par Ancône, Lorette, Ferrare, Venise, Padoue, Véronne, Inspruck, Munick, Vienne, Prague, Dresde, Berlin, Leipsick; passé le Rhin à Vesel, Nimègue, Amsterdam, Lahaye, Rotterdam, Anvers, Ostende, Gand, Lille, Paris.

J'ai bien hésité pour entreprendre ce que j'ai fait; mais le souverain Maître de l'Univers, l'Arbitre des destins ne m'a pas laissé de repos que je n'aie accompli la promesse que je lui avais faite du meilleur de mon cœur, et en voyant des lieux aussi édifians.

De retour sous son toit, tel que l'airain sonore
Qu'on cesse de frapper et qui résonne encore,
Dans la tranquillité d'un loisir studieux,
Il repasse en esprit ce qu'il a vu des yeux.
Dans cent climats divers présent par la pensée,
Son plaisir duré encor quand sa peine est passée.

(**) Cette superbe ville est embellie d'une très-forte source d'eau chaude, minérale, salutaire à beaucoup de maladies. On y voit aussi les bains de Charlemagne, qui sont des étuves de vapeurs soufrées. Il est le fondateur de cette ville. On y voit son tombeau. On prétend que ce grand homme avait 7 pieds de hauteur; j'en ai rapporté la mesure d'un os de son bras.

L'Allemagne est faite pour y voyager;
L'Italie pour y séjourner;
L'Angleterre pour y penser;
Et la France pour y vivre.

Dans le dur sentier de la vie,
Vous qui marchez péniblement;
Dont chaque pas est un tourment
Calculé par la sombre envie.
Si, loin des vaines images
De la gloire et de la grandeur,
Le sage, en paix avec son cœur,
Repose à l'abri des naufrages.
Pauvres voyageurs égarés,
Tous vos maux seront réparés,
Mettez-vous à l'abri de l'orage.

Que l'impie quitte sa voie et le méchant ses desseins, pour retourner au Seigneur, et il aura pitié de lui; qu'il retourne à notre Dieu, parce qu'il est bon et plein de miséricorde! Celui qui demeure dans l'asile du Très-Haut, reposera en assurance sous l'ombre du Tout-Puissant.

Le Seigneur est près de tous ceux qui l'invoquent sincèrement, il accomplira les desirs de tous ceux qui le craignent, et il les sauvera.

Jésus-Christ : Si vous demandez à mon père quelque chose en mon nom, il vous le donnera.

Dominus refugium meum.

En poésie, comme à la guerre, ce qu'on prend à ses frères et qu'on enlève aux étrangers est conquête.

Labruyère a dit : *Le choix des pensées est invention.*

FIN DU PREMIER LIVRE.

N. B. *J'ai dit que je fermais la boutique, et pourtant je me propose, si Dieu m'en fait la grâce, de faire imprimer la description de la Sainte Maison de Lorette, suivie de celle des Saintes Reliques d'Aix-la-Chapelle.*

www.ingramcontent.com/pod-product-compliance
Lightning Source LLC
Chambersburg PA
CBHW070304100426
42743CB00011B/2338